KOST EN INWONING

GERRIT KOMRIJ

KOST EN INWONING

DE NEDERLANDSE POËZIE IN ENIGE NAGEKOMEN GEDICHTEN

2005
UITGEVERIJ BERT BAKKER
AMSTERDAM

Omslagontwerp Tessa van der Waals
Omslagillustratie Jasper Wiedeman
www.uitgeverijbertbakker.nl
ISBN 90 351 2702 1

INTROÏTUS

AFSCHAFFING DER POËZIE

Daar leit de pen vol ongemeende minne-rancken
  Dees sweer ik eeuwig af te dancken
  En denk, voortaan geen Rymgedicht,
Te gonnen straal van 's werelts licht.

Wat sleet ik menigwerf al kostelyke uuren,
  Om versjes uit heur neb te puren!
  Dees hielt myn brein vol kleine kracht,
Alleen geteugelt in 'er macht.

Dees swaaide in myn gedacht' den scepter van gebieden.
  Doch 'k wil heur heerschappy ontvlieden.
En niet meer onder 't jok van heure krachten staan,
Maar zeg haar, na dit vers, altydt den oorlog aan.

Heur glory heeft te lang de overhandt verkregen,
  Sy was ten toppunt opgestegen,
Maar die als Phebus rees, die daalt nu als Ikaar.
Daar leyt sy in den hoek, en zeg, Leg eeuwig daar.

Hieronymus Sweerts 1629-1696

'Poëzie is geen tijdelijk onderdak, poëzie is kost en inwoning.' Aan die zin is de titel van dit boek ontleend. Er zullen in dit boek – anders dan bovenstaand gedicht doet vermoeden – voornamelijk recente gedichten aan bod komen. En ook wel eens de gebreken van die gedichten.

Na de befaamde 11 september is er geen andere troost dan poëzie.

Je leest daar gek genoeg weinig over.

Waarschijnlijk omdat het voor die datum ook al gold.

Afschaffing der poëzie heet bovenstaand gedicht. Het werd geschreven in de zeventiende eeuw, door een tijdgenoot van

Vondel en Rembrandt, en nog altijd is de poëzie niet afgeschaft.

Sweerts heeft duidelijk een tijdelijk onderdak op het oog. Poëzie die je als een afgedankte jas in de hoek kunt gooien, met het commando: blijf voorgoed daar liggen –

Leg eeuwig daar

– welnu, Hieronymus Sweerts heeft er schoon genoeg van. Hij zal het daglicht geen rijmgedichten meer gunnen. Voor altijd verklaart hij de oorlog aan de poëtische zucht.

Dichten was voor Sweerts een bevlieging, een tijdverdrijf. Maar zelfs in zijn oorlogsverklaring erkent hij nog hoeveel plezier hij aan de poëzie beleefde.

Wat sleet ik menigwerf al kostelyke uuren,
Om versjes uit heur neb te puren!

Woorden als 'glorie' en 'toppunt' vallen, alvorens de poëzie voor hem als een Icarus neerstort. Het is Sweerts' persoonlijke afscheid als vrijetijdsdichter. Uit zijn pen zullen niet langer 'ongemeende minne-rancken' vloeien ('ranken' zijn streken, slimmigheden). Hij erkent hier in één adem door het speelse en om de tuin leidende karakter van de poëzie.

Niets kan onze arme geest zo veredelen als poëtisch bedrog.

Sweerts gooit hier enkel zijn *eigen* poëziejasje in de hoek. De poëzie in het algemeen wordt helemaal niet afgeschaft.

Voor die afschaffing staan andere beulen klaar. Geen politici of generaals, maar mensen van wie verwacht mag worden dat ze hart voor de literatuur hebben. Hun agressie is er des te ontzettender om.

H.U. Jessurun d'Oliveira, tot voor kort de voorzitter van het Fonds voor de Letteren, was zo'n beul. Hij en andere bobo's van de Vereniging van Letterkundigen schaarden zich vierkant achter de groep-Mak, toen op zekere dag dat groepje schrijvers van zeer uiteenlopend allooi hogere royalty's van hun uitgevers verlangde. Voor alle duidelijkheid: het groepje was vernoemd naar een auteur die per boek slechts tussen de één en twee miljoen euro verdiende.

Tienduizend euro per pagina.

Ik heb er vrede mee dat er onder de schrijvers grote graaiers zijn. Schrijvers zijn ook mensen. Ik gun ze nog meer miljoenen dan de miljoenen die ze zichzelf al gunnen. Vanzelfsprekend sta ik achter ieder streven de royalty's omhoog te jagen, desnoods met het pistool in de hand. Alleen heb ik er moeite mee dat H.U. Jessurun d'Oliveira, van een vereniging die er ook hoort te zijn voor niet-graaiers of voor wat moeizamer graaiers, in één ruk door voorstelt het uitgeven van poëzie af te schaffen. 'Waarom niet een bundeltje van dertig pagina's op internet, zodat de lezer het zelf kan uitprinten?' verklaarde hij doodgemoedereerd in de krant.

Met zulke vrienden heeft de poëzie geen vijanden nodig.

Ik hoop dat het Fonds voor de Letteren en de Vereniging van Letterkundigen snel zullen terugkeren naar waar ze altijd voortreffelijk in waren: het subsidiëren en steunen van onverkoopbaar wrakhout en wanhopige doordouwers.

Zo'n minachting jegens dichters is weer het andere uiterste.

Aan de slag dus!

Na de bundels *In Liefde Bloeyende* en *Trou Moet Blycken* hier mijn lucubraties over een aantal nagekomen gedichten, waarna ik mijn essayjasje voorgoed in de hoek zal gooien. Het waren kostelijke uren, maar mijn eigen liefdadigheid beknelt me.

ONDERBELICHT

HET WAS EEN BLIND VERGRIJP...

Het was een blind vergrijp van beiden,
Het was een misverstand geweest;
En daarom valt me nu het scheiden
Min zwaar dan ik wel had gevreesd.

Ik was een wildzang, 'k was onzinnig;
't Was of een wind van waanzin woei.
Ik wilde ons liefde trouw en innig,
Voor u was 't kunstig mingestoei.

Ik wilde een band gesmeed uit staal;
Gij woudt iets broos als spinrag weven,
Een wolkje dat voorbij zou zweven...
Wij spraken niet dezelfde taal:

Gij woudt één lentedag mij geven;
En wat ik vroeg... 't Was gans uw leven.

Rafaël Verhulst 1866-1941

Raf Verhulst neemt in mijn editie van de Winkler Prins 34 regels in beslag, ongeveer net zoveel als Gerrit Achterberg. Toch staat in de bijgevoegde bibliografie maar één dichtbundel vermeld, terwijl ze van Gerrit Achterberg zeker dertig bundels opsommen. Wat heeft Raf Verhulst voor groots verricht om zo veel ruimte te verdienen?

De presentatie in de Winkler Prins klinkt niet overtuigend. 'Hij gaf de tijdschriften *De Noorderklok* (1926-1932) en *Het Vlaamsche Volk* (1933 – sinds 1935 onder de titel *Het Vlaamsche Land* – tot in 1939) uit.'

De Noorderklok valt, weten we allemaal, niet weg te denken uit onze cultuurgeschiedenis. Laat staan het zo subtiel omgedoopte *Het Vlaamsche Volk.*

De Winkler Prins heeft meer in petto.

'Behalve pittige journalistiek schreef hij literair toneel, o.a. de verfijnde Oudgriekse evocatie *Telamon en Myrtalee* (1909), het Antwerpse historische drama *Semini's kinderen* (1911) en vnl. zijn met de Staatsprijs onderscheiden meesterwerk *Jezus de Nazarener* (1904), het drama van het rationalisme, waarin Judas als twijfelaar een opmerkelijke rol toebedeeld krijgt.'

Pittig, verfijnd, meesterwerk.

Het is niet mis.

De tussenwerpsels o.a. en vnl. openen wonderlijke verschieten.

Raf Verhulst blijkt dan ook muziekleraar te zijn geweest, literatuurdocent, politiek activist en de grondlegger van het Belgische detectiveverhaal.

'In 1920 werd hij door het Belgische gerecht bij verstek ter dood veroordeeld.'

Dat klinkt het interessantst. Daar zou *elke* dichter dertig-enzoveel regels mee verdienen, al had-ie maar één bundeltje geschreven.

Maar voor de rest?

De schrijver van het lemma in de Winkler Prins meent toch niet in gemoede dat een verfijnde Oudgriekse evocatie en een drama over een twijfelende Judas iemand recht geven op onsterfelijkheid? Ik weet zeker dat de titels die hij noemt al in de jaren zeventig door de achterlijkste dorpsbibliotheek van Vlaanderen zijn afgevoerd.

'Als Jan Terzake riep hij het blad *De Klare Daad* in het leven (1924).'

Deze zin staat enkel in de Winkler Prins van de Nederlandse letterkunde en niet in de Grote Winkler Prins.

Toch is het een zin om van te smullen.

Lees hem vier, vijf keer hardop.

Jan Terzake. De Klare Daad.

Een pseudoniem en een titel uit voorgoed ten grave gedragen dagen.

Er schuilen een paar avonturiertrekjes in onze Raf Verhulst

die je op het eerste gezicht wel bevallen. Iets van twaalf ambachten en dertien ongelukken. Aan de andere kant *ruik* je dat er iets niet klopt. Een te grote hang naar autoriteit en naar volksmassage. De Noorderklok, Judas, de Klare Daad, de drie obsessies van de fascist.

Er loopt, leer je uit andere bronnen, een rechte lijn van zijn terdoodveroordeling in 1920 tot de hem in 1940, het jaar voor zijn feitelijke dood, toegekende Rembrandt-Preis van de Hansische Universität in Hamburg. Vanwege verdiensten voor het *niederländisch-niederdeutsche Volkstum*. Een prijs die daarvoor zijn landgenoten René de Clercq, Stijn Streuvels en Cyriel Verschaeve in ontvangst hadden mogen nemen. Voor Nederland werd in Hamburg Willem Mengelberg *volkstümlich* onderscheiden. In 1941 zou de componist Henk Badings de prijs ten deel vallen.

Fijn gezelschap.

De Duitse pers noemde Raf Verhulst 'de trouwe wapenbroeder van August Borms'.

De schrijver van het lemma in de Winkler Prins vindt dit alles niet het vermelden waard. Was hij wellicht bevreesd voor een dalende verkoop van de verfijnde evocaties en meesterwerken van zijn pittige journalist?

Het zal niet die ene dichtbundel zijn geweest waarvoor Raf Verhulst de Rembrandt-Preis in ontvangst mocht nemen. Die bundel, *Langs groene hagen* geheten en gepubliceerd onder de naam Rafaël Verhulst, was al in 1940 antiek. Ik heb hier een editie uit 1915 voor me, maar volgens de bibliografie in de Winkler Prins dateert de eerste druk van 1899.

Het was een blind vergrijp... Het is een goed gedicht. Een gedicht in een gedateerd idioom, een gedicht uit een vervlogen poëzietijdperk, maar binnen dat idioom en binnen dat tijdperk een gaaf gedicht. Er zit muziek in, er zit spanning in, van

Ik was een wildzang, 'k was onzinnig;
't Was of een wind van waanzin woei

tot

Wij spraken niet dezelfde taal

– er zit ook een charmante omkering in, omdat het sjabloon wil dat de man uit is op mingestoei en de vrouw op een vaste band. Als Raf Verhulst zichzelf niet om zeep had geholpen had dit een klassiek liefdesgedicht kunnen worden.

Biografische kennis kan het kunstgenot verpesten, dat merk je in dit geval. Ik voel de verfoeilijke, maar onweerstaanbare aandrang om 'een blind vergrijp' en 'een band gesmeed uit staal' met een geleende fascistenblik te lezen. Hier is een soldaat aan het woord die een vrouw haar vlinderachtigheid verwijt en van haar de volledige opoffering eist.

Een oogvuiltje maakt dat ik dit gedicht interpreteer als een solidariteitsoproep voor de heilige zaak van Führer en vaderland. Bij een negentiende-eeuws gedicht! Poëzie is niet gebaat bij een nadere kennismaking met de dichter.

FORT COMME LA MORT

In het vroege voorjaar,
klappertandend van de kou,
plonst de zwemploeg, op een teken,
van de laagbegroeide bermen
in de stroom.
Weer als immer
wordt de spits genomen
door die nietig tengre man
die het lichaam van een knaap heeft
doch in 't oog een vreemde koorts.
Met een brede armzwaai zwenkend
schiet hij onder luid gejubel
verder steeds vooruit.
Stil, hardnekkig
zwoegt de zwemmer
in de koude vloed,
tot op eens zijn leven ijl wordt
en zijn blik
zich troebel in het ruim verliest.
Even in de mond
't bekende zoet gevoel,
en langs zijn lippen
glipt een golfje bloed.
Dichter komt hij bij de oever,
trager klieft zijn arm de stroom,
en hij weet
dat dit zijn laatste keer is,
doch de zege hoort hem toe.

Paul Verbruggen 1891-1966

Bij de Vlaamse dichters Jan van Nijlen, Marnix Gijsen, Gaston Burssens, Willem Elsschot, Maurice Gilliams en zelfs bij Wies Moens kunnen we ons iets voorstellen, maar bij de naam van hun tijdgenoot Paul Verbruggen?

Hij droeg een gedicht op 'Aan mijn vriend van Ostayen' en volgens de *Moderne encyclopedie der wereldliteratuur* moeten we hem associëren met de kring rond het expressionistische tijdschrift *Ruimte*. Maar hij spoorde ook weer niet met Van Ostaijen en het expressionisme. Dezelfde encyclopedie heeft het over zijn 'diep beleden theocentrische levensbeschouwing' en gebruikt woorden als 'deemoed' en 'ascese'. Het programma van het tijdschrift *Ruimte* opende met de zin 'dat elke geestelike aktie noodzakelikerwijze een ethische grondslag moet hebben'.

In andere literatuurgeschiedenissen brengen ze Paul Verbruggen in verband met 'een evangelisch levensgevoel' en het zoeken 'naar de zuiverste uitdrukking van een zuiver bestaan'.

De geest boven de vorm, de levensbeschouwing boven de kunst.

Na de Tweede Wereldoorlog werd met deze tweedeling in de poëzie korte metten gemaakt. Het ging erom of een gedicht kwalitatief deugde, niet of de levensbeschouwing je beviel. Religie en moraal vormden niet langer de criteria voor een poëtische plaatsbepaling. Als religieuze dichter telde je mee als je een goeie dichter was en niet vanwege je mooie religie.

Gerrit Achterberg, ja, Jan H. de Groot, nee. Bij Willem de Mérode duurde het nog een tijdje voor ze inzagen dat het dichterlijke vruchtvlees het won van de christelijke schil.

De 'ethische grondslag' werd iets uit verstofte tijden, net als de gaslantaarn en het vlugzout.

Ergens in dit proces moet Paul Verbruggen zijn zoekgeraakt. Wie hem nu leest ontdekt tot zijn verrassing een wonderlijk dichter. Niet om de zuiverheid van zijn evangelisch levensgevoel, maar om de zuiverheid van zijn technische aanpak. In het proces van de poëtische ontzuiling lijkt Paul Verbruggen me een voorbeeld van het kind dat met het badwater is weggegooid.

In de *Moderne encyclopedie der wereldliteratuur* wordt gewag gemaakt van zijn 'gebrek aan pathos' en zijn parlandotoon. Die opmerking 'gebrek aan pathos' werd in de tweede druk van de encyclopedie, twintig jaar later (1984), geschrapt. Waarschijnlijk was het toen al gemeengoed dat je in de poëzie pathos vermeed, zelfs als het om een levensbeschouwelijk dichter ging.

Toch had men al in de jaren zestig gewaarschuwd kunnen zijn: hier is niet de gebruikelijke ethisch-bevlogen dichter aan het woord. Maar sommige vergeetprocessen zijn onstuitbaar.

Dat braafheid niet langer een poëtisch criterium is betekent niet dat brave dichters zijn uitgestorven. Het betekent dat we Paul Verbruggen met andere ogen moeten lezen. Dan blijkt hij – in zijn zeven dunne bundeltjes – zeker tien gedichten te hebben geschreven die springlevend zijn, een score waar beroemd gebleven tijdgenoten zich niet voor zouden hoeven te schamen.

Is *Fort comme la mort* niet een intrigerend gedicht? Het staat in de bundel *Gedichten*, in 1932 verschenen in Antwerpen. De toon is nuchter, zonder het gewild-zakelijke van veel poëzie uit de jaren dertig. De dichter vertelt een verhaal, kalm en punt voor punt.

't Is of ook het beeld één enkele vloeiende lijn vormt – de plons, de spits, de brede zwaai, de verijling, het bloed, het terugzwemmen, de overwinning. Het is een beeld dat je bijblijft, de ongemonteerde reportage van een camera, we kijken mee. Onbewust identificeren we ons met de nietig tengere man –

Even in de mond
't bekende zoet gevoel

– een kwestie van verheviging. We zijn het luid jubelende publiek én we zijn degene in wie de dood is binnengekropen. Zo slaagt de dichter erin het slot aangrijpend te maken, omdat we het op ons zelf betrekken.

Wie is die nietig tengere man

die het lichaam van een knaap heeft
doch in 't oog een vreemde koorts

en die, als altijd, de spits afbijt? De 'vreemde koorts' is een stoorzender in het ogenschijnlijk zo prozaïsche verhaal. Genoeg om ons te verwarren of op een ander spoor te zetten. En wat betekent die enige onderbreking van de chronologie, wanneer de zwemploeg 'op een teken' in de stroom plonst? Welk teken gaat hier aan alles vooraf?

De victorie van de nietige man is verdiend en vanzelfsprekend, de laatste regel getuigt ervan. Gaat het om de zege van een wedstrijd? Om de zege van het leven? De sleutel gaat deels in het Frans gehuld. *Fort comme la mort.*

Wat zouden de levensraadselen zijn zonder de raadsels van de poëzie?

Maar wie blijft zoeken gaat steeds meer vinden. Ademt het gestreepte zwempakploegje niet de sfeer van *Kraft durch Freude*? Maakt het individu zich hier los van de groep? Slaat de vreemde koorts in 't oog op de begeerte om te winnen? Kan het zijn – omdat *wij* nu eenmaal gecompliceerder in elkaar zitten dan een vooroorlogs sportploegje – dat de zwemmer onheil in de toekomst vermoedt?

Misschien is de zwemmer wel homoseksueel. Of staat hij voor het Ideaal. Misschien klaagt de dichter onze gemakzucht aan en drukt hij ons op het hart dat we iets voor onze idealen moeten overhebben. Dat het streven belangrijker is dan het doel. Fraaie mijmeringen die uiteindelijk leiden tot de vraag: verbetert het gedicht onder de last van onze projecties of gaat het er juist op achteruit?

Tot we, in een flits, inzien dat we de hele rimram moeten weggooien. Dat we terug moeten naar af. De waarheid ligt voor het oprapen. Dit is simpelweg een gedicht – denk aan de koorts, het bloedpspugen en de magerheid – over een tuberculoselijder.

WATERSNEEUW

De losse vlosse vlokken
zijgen met de vleet
in lodders ligt het land
de lange laag te lijden
die reeds aan 't dooien ons
de maat vol modder meet.
Het licht is aan de grond
gedood tot grijs en grauw
fantasties ligt de stad
gewenteld uit de tijden
de loden fosforlucht
brandt op de daken blauw.

Plamei en plodder eenzaam
heen door dras en plas
bezie de huizen niet
die u te wederzijden
hun dompe warmten ballen ach-
ter vrekkig vensterglas.

Willem van den Aker 1901-1978

Arme Willem van den Aker, niet één hit op Google. Daar is geloof ik een term voor verzonnen, voor woorden of woordcombinaties die zelfs googlend geen resultaat opleveren, zo zelden komen ze voor. Een hapax bij Homerus was tenminste nog een woord dat één keer kon worden aangetroffen, maar een naam die nergens bestaat? Daaraan hangt een dichter die niet bestaat.

Eén regeltje heeft-ie gelukkig in het uit 1952 stammende *Letterkundig woordenboek voor Noord en Zuid* van K. ter Laan, waar je wel vaker met succes naar grijpt als al het andere verstek laat gaan. 'Geboren 1901 te Antwerpen, navolger van Wies Moens', staat er in dat regeltje.

Je schiet er niet écht mee op.

Het werkt zelfs remmend. Wies Moens, was daar niet iets mee? Veroordeeld om zijn houding tijdens de Eerste Wereldoorlog, veroordeeld om zijn houding tijdens de Tweede Wereldoorlog. Een naam die associaties oproept met het expressionisme, maar ook met Dietsland en de Grootnederlandse idee. Al weet je niet *precies* hoe Wies Moens ruikt, een luchtje heeft-ie. Wat dan te denken van een navolger?

Het ergert je op zo'n moment dat je over iemands levensloop niets te weten kunt komen. Misschien heeft Willem van den Aker het navolgen van de drie jaar oudere Wies Moens na 1952 wel gestaakt, al zou dat met beide wereldoorlogen achter de rug rijkelijk laat zijn.

Misschien was hij, zoals veel navolgers, fanatieker dan zijn voorbeeld en heeft hij nog in 1985 de *Ring der Nibelungen* ten einde toe uitgezongen op het Poperingse martkplein. Er kan aan Willem van den Aker wel een luchtje zitten dat uren in de wind stinkt.

Begrijp me niet verkeerd. Een prachtig gedicht van een moordenaar blijft een prachtig gedicht. Ik zou met een gerust hart het meesterwerk van een viervoudige bankrover opzeggen of zelfs van een politieke windbuil. Het probleem is niet dat iemand die niet deugt geen goeie gedichten kan schrijven.

Het probleem is dat als iemand niet deugt – nu ja, dat je dat heel graag wilt weten.

Meteen. Alles. Tot in de details.

Van Willem van den Aker ken ik enkel twee dichtbundels, een uit 1924 en een uit 1926. Er komen gedichten in voor over de miraculeuze snelheid van het fietsen en over een jazzband die ons meevoert naar zoeloeland. Typisch *roaring twenties* dus. In zijn bundel uit 1926, Willem van den Aker is dan 25 jaar, schrijft hij –

Ach wij zijn hard, ach wij zijn oud helaas
en zien de dingen
met één oog open
met één vermoeid oog dicht

– blasé, modern, Europamoe, werkelijk geheel in de geest van zijn tijd.

Azuren
vlammen
vlugge vlerken
blikkerbrand

– staat er in een ander gedicht. Behalve Wies Moens zijn ook Van Ostaijen en Marsman niet ver weg. Van den Aker was misschien een epigoon, maar waarom hebben slechtere epigonen het wél gehaald? Zes, zeven gedichten van hem kan ik aanhalen die in geen bloemlezing zouden misstaan. Is Willem misschien juist te brááf geworden en sleet hij de rest van zijn leven als dorpsonderwijzer in Wommelgem?

Ook het gedicht *Watersneeuw* – uit de bundel *Het gelaat der straten* van 1926 – mag er zijn. Om er de uitstraling van een klankgedicht aan te verlenen reanimeert Van den Aker half zoekgeraakte Vlaamse woorden –

De losse vlosse vlokken
zijgen met de vleet
in lodders ligt het land

– dat klinkt en trippelt behoorlijk. Verderop spreekt hij over plamei en plodder, wat bewijst dat het geen gedicht is in sappige boerentaal, maar dat Van den Aker bewust met dit woordregister experimenteert. Vlamismen als hapaxen in een internationale beweging. Het *WNT* noemt plamei alleen in de betekenis van appelmoes.

Plamei en plodder, over een eenzaam stel gesproken. Gearmd stappen ze voort door dras en plas.

Ze zijn niet schilderachtig en ouderwerts, ze versterken juist het moderne en expressionistische karakter van het gedicht, met zijn loden fosforlucht op verblauwende daken en zijn gebalde warmten achter vrekkig vensterglas.

In elke strofe is een ander rijm aanwezig – in de tweede en zesde regel. Bovendien is er een enkel rijm dat de drie strofen verbindt: lijden, tijden, wederzijden. Een eigenaardige spanning tussen symmetrie en asymmetrie. Ook de manier waarop stad en land elkaar raken, of juist niet raken, doet weinig traditioneel aan. En het enjambement in de laatste regels, met dat in tweeën gebroken 'achter', ach, zoiets doe je alleen als het om een statement gaat.

Dit zijn moderne tijden, wil de dichter zeggen, dit is de cancan.

Nu maar hopen dat Willem van den Aker is gestorven als verschrikkelijke boef en niet als kinderrijke boekhouder op pantoffels.

MAGISCH

Hij trok de cirkel volkomen
om de voorbestemde plaats heen
en merkte prevelend de bomen:
in de bezweringsformule scheen
ook dit gebaar opgenomen.

Runen en dor sprokkig hout
gerangschikt tot vreemde figuren:
versteende wereld, eeuwenoud,
die in een flits nog wil duren
bij poging tot zelfbehoud.

En vertrouwd met de zekerheid
van een steeds doellozer leven,
blijft hij kinderlijk toegewijd
aan een zinloos doorgedreven
drogbeeld van ruimte en tijd.

Frans Buyle 1913-1977

Hoe komen dichters zo vergeten? Je vraagt het je alleen af als het om een dichter gaat die niet slechter is dan al de dichters van het tweede en derde echelon die wél de encyclopedie hebben bereikt en meer dan, zeg, honderd hits op Google scoren. Wat heeft zo'n dichter misdaan dat hij nog grondiger is vergeten dan de generaals en magistraten van zijn tijd?

Nu Frans Buyle weer. Komt het door zijn woordkeus misschien? Aan bepaalde regels, zoals

En vertrouwd met de zekerheid
van een steeds doellozer leven

lezen we duidelijk af dat het poëzie van een voorbije tijd betreft.

Dat 'steeds doellozer leven' komt ons voor als hopeloos ouderwets, een letterkunstige dichterlijkheid die we niet meer uit onze pen krijgen.

Maar dan, alle voorbije dichters vertegenwoordigen iets van een voorbije stijl en een voorbije woordkeus, de ene sporadisch, de andere frequent, dus daar kan het niet helemaal aan liggen. Bovendien was de stijl van Frans Buyle doorgaans simpel, natuurlijk, droog.

Zou er misschien zo veel geluiddempend zand over hem heen zijn geschoffeld omdat hij zich wel eens satirisch uitliet over zijn dichtende collega's? Dat klinkt al veel waarschijnlijker.

In *Verboden zone. Klein Handboek ten behoeve van litteraire valse Munters* (1954) parodieerde hij levende medepoëten. Nog erger, hij nam de literaire kliekvorming op de korrel. Over een machtig mandarijn schreef hij bijvoorbeeld, in het gedicht *Big Shot* –

Hij wordt geflankeerd en geschut
door onverschrokken paladijnen,
zowel door 't litteraire grut
als 't legertje der filistijnen

– nu, wie de literaire kliek bevecht zal door de literaire kliek omkomen. De wraak van het literaire grut en het legertje filistijnen kan lang op zich laten wachten, maar ze komt. In de literatuur kan rancune en gekwetste ijdelheid ondergronds jarenlang doorsudderen. Zou Frans Buyle hebben moeten bezuren dat hij de spot dreef met literaire meneertjes en mevrouwtjes die het van hun positie moesten hebben en niet van hun talent?

Het klinkt aannemelijk. 't Is in de schrijverswereld een verbazend machtsspelletje, het wegmoffelen en *downgraden* van namen, het op de voorgrond duwen van vriendjes en het opzettelijk verzwijgen van vijanden. Maar altijd is er nog het publiek. Altijd zijn er ook nog de lezers die niet volslagen gek zijn.

Als er geen lezers waren zou de literatuur bestaan uit maximaal drie subsidiegeile non-talenten, één voor Vlaanderen en twee voor Nederland. De twee uit Nederland zouden bovendien met elkaar getrouwd zijn. Lezers tillen nu en dan een serieus schrijver over de dode stadia van kritiek en politiek heen. Ook dát is bij Frans Buyle niet gebeurd.

We houden het er voor het gemak op dat hij is vergeten omdat hij uit een vergeten streek kwam –

Er is natuurlijk het Land van Waas
dat op geen kaart is aangegeven

– schrijft hij zelf. En ook nog –

voor de rest is alles zeldzaam zoek

Hij heeft het, bij wijze van slotsom, over 'de gedrukte geschiedenis' die hem onheilspellend aankijkt. Laten we dit zien als een profetische uitspraak. Het Land van Waas mag rijmen op dwaas, zo'n dwaas was Frans Buyle niet dat hij aan roem geloofde.

In veel van zijn gedichten verneem je de stem van de eenling, de afgezonderde. Zo iemand wordt de prooi van wie hem opraapt. Maar nooit komt er eens volk langs. Hij bivakkeert niet in de berm van een doorgangsweg en blijft te veel epigoon om een omweg de moeite waard te maken. Toch vind je in elk van zijn bundels wel één of twee gedichten die je een schok geven. En je weer terugvoeren naar de oude vraag: hoe komen dichters zo vergeten?

Magisch is zo'n gedicht uit zijn bundel *Proeve van alchemie*, verschenen in 1957, twintig jaar na zijn debuut.

In de magie moet de cirkel *volkomen* worden getrokken, *alles* maakt deel uit van de bezwering. Wat de vreemde figuren inhouden weten we niet, al hebben we een idee van het schuchter omschreven doel – 'poging tot zelfbehoud'. Er lijkt met 'flits' en 'duren' een spel van tegenstellingen te worden gespeeld.

De tegenstelling keert terug in 'zekerheid' en 'steeds doellozer'.

Het vermoeden wordt gewekt dat het niet om tegenstellingen

gaat en dat flits en duur één zijn, dat juist de doelloosheid het zekere doel is. De dichter beweert hier niet dat rituelen leeg en zinloos zijn, hij suggereert dat het de essentie is van rituelen leeg en zinloos te zijn. Hij wekt bange vermoedens. Hij suggereert knap.

Moest zo'n gedicht op de schroothoop?

KRANTEN

Kranten raken weg en worden ouder naar hun aard
in vuilnisbakken of verscheurd op één formaat voor de w.c.
Men ziet ze eerst nog in de straten liggen of men pakt
ermee
een enkling slechts die een voor 'n bericht dat hem betrof
'n poos bewaart.

Later ziet men nog stukken in de grachten drijven
Een man achter een raam die ernaar staart
en denkt: hoe doelloos was dit alles, nu liggen in de vaart
al die berichten, geen staatsmanswoord eruit dat zal
beklijven.

Jak van der Meulen 1928-1998

Een nieuw debuut, een nieuwe dichter. Soms komt ook zomaar, door de achterdeur, een nieuwe dichter binnen. Hij blijkt zijn hele leven al poëzie te hebben geschreven, is misschien al jaren dood, en ineens ligt daar zijn postume bundel. Ineens hebben we er een dichtersnaam bij, buiten medeweten van de dichter.

Zo'n bundel is *De uiterste palen der ballingen. Gedichten 1946-1995* van Jak van der Meulen, verschenen bij Brumes Blondes, Amsterdam. Er staan gedichten in van een man die tijdens zijn leven uitsluitend in tijdschriften publiceerde, uiterst spaarzaam bovendien, een man die wel tot een bundel *wilde*, maar niet *kon* komen. Door zijn te acute zelfkritiek, door zijn te beperkt talent, misschien ook wel door zijn te grote bewondering voor de poëzie van anderen.

Jak van der Meulen was een vermaard strafrechtjurist te Amsterdam. Excentriek, omstreden, een compromisloze individualist. Hij was niet gesteld op de politie, want hij had op school enkele joodse vrienden weggevoerd zien worden met de ijverige hulp van Hollandse agenten. Hij steunde de provo's en later de krakers, omdat hij gezegend was – behept, beweerden zijn collega's – met een uiterst zwak ontwikkeld respect voor autoriteiten. En vooral: hij hield van gedichten. De poëzie was voor hem het belangrijkste, al legde hij een gulle desinteresse aan de dag voor de officiële literatuur.

Sommigen kunnen nooit iets weggooien. Oude postzegels, roestige spijkers, lege conservenblikken, alles bewaren ze. Uit zuinigheid en uit een gevoel van: je kunt nooit weten, het is zo weer oorlog. Oude koffie wordt in Holland tot dagen na de bereiding gedronken, oud brood gaat door voor vers brood.

Maar oude kranten, dat zijn zowat de enige dingen die door iedereen worden weggegooid. De tijd is voorbij dat kranten in vierkante stukjes werden gescheurd om op een spijker geprikt te worden en te dienen als toiletpapier (zoals in dit gedicht) of dat er vis in werd verpakt. Kranten worden hardvochtig naar de verdommenis gestuurd, met hun rijke inhoud en aardappelschillen en haringkoppen en al. Jak van der Meulen was de enige die ik ooit heb gekend die kranten verzamelde.

Elke dag kocht hij er een paar bij het Athenaeum Nieuwscentrum, en andere kocht hij weer niet. Die nam hij gewoon mee. Idem dito bij andere kiosken en krantenmannen. Zijn huis aan de Keizersgracht was een krantenpakhuis. Aan weerszijden van de gangen zag je stapels die tot het plafond reikten. In de vertrekken, waar de kranten moesten concurreren met dichtbundels, was soms nauwelijks plaats voor een stoel.

Zijn ideaal was blijkbaar het aanleggen van een universeel knipselarchief. Hij moet hebben beseft dat alle artikelen, eenmaal uitgeknipt, hoe dan ook opnieuw geordend dienden te worden, zodat hij de kranten net zo goed ongeknipt kon laten. Een complete krant was eigenlijk de ideale knipselmap.

Ik ging wel eens bij hem op bezoek, enkele malen in het gezelschap van de dichter Jacques Waterman, een van de vrienden die hij op school had weggevoerd zien worden en van wie ik in die tijd een bundel had geredigeerd. Wij deelden onze fascinatie voor de poëzie van deze Jacques Waterman, poëzie die uit zo'n heel andere bron leek te komen dan de gangbare. Nu, in *De ui-*

terste palen der ballingen, ontdek ik dat er een eigenaardige verwantschap bestond tussen de poëzie van Jacques en Jak. Bij beiden een surrealistische kruising tussen Bilderdijk, Lewis Carroll en de Franse modernisten, zal ik maar zeggen.

Onze gesprekken – met kranten als rugleuningen en kranten als voetensteunen – gingen onveranderlijk over poëzie.

Er bestonden voor Jak van der Meulen zoveel andere stemmen dat de eigen stem hem moeilijk moet zijn gevallen. Hij schreef dat wonderlijke soort poëzie dat alleen geschreven kan worden door een poëzieadept die geen epigoon wil zijn omdat hij daar te eigenwijs voor is. In het gedicht *Kranten*, afkomstig uit een schoolschrift van 1949, had hij het al over –

een enkling slechts die een [krant] voor 'n bericht dat hem betrof
'n poos bewaart

– en dat 'enkelingschap' blijft terugkomen in zijn gedichten. Hij voelt zich een balling in eigen gebied (de titel van de bundel heeft hij zelf nog vastgesteld, zoals uit het nawoord blijkt); je komt ook telkens weer het verlangen tegen naar ballingschap en naar een eigen weg, een derde weg die hem weinig uitkomst biedt –

Ik werd een weg die ik niet had voorzien ingedreven,
verschrikkelijker dan iemand ooit kon dromen
en waar men ook niet meer op terug kan komen
en die nergens naar voert

– en uiteindelijk stoot je op de wens, herhaaldelijk geuit, om 'opgeheven te worden'. Het mooist komt die wens tot uiting in het gedicht *De meeuwen* –

Ik volg de meeuwen
in hun snelle vlucht
en verlang ineens
opgeheven te worden
en de eeuwigheid
binnen te vliegen.

Het is, blijkens de bijgevoegde chronologie, een van de laatste gedichten die hij schreef voor zijn dood. Hij moet zich wanhopig hebben gevoeld, deze Jak van der Meulen, de man die zijn tijd behoorlijk vooruit was, waarna de tijd zich tegen hem keerde. De man die zo graag had willen samenvallen met zijn tijd.

Wij zijn in elk geval een bijzondere *minor poet* rijker.

BLOKZIJL

Verscheidene dagen geleden neuriënd naar Blokzijl gefietst.
Wind mee, zonnig weer.
Heel wat gezien onderweg: auto's en boeren en bossen en veulens in de wei.
Vooral veel veulens in de wei.
En hier en daar een molen in de verte.
En bij Nijkerk was iemand overreden, een vrouw geloof ik.
Ook nog een paar keer afgestapt om koffie te drinken.
Geen bier; daar word je zo loom van.

J. Goudsblom 1932

De academie en de poëzie, soms botert het, soms botert het niet. 't Is voor de academie moeilijk wennen dat je voor poëzie geen verstand nodig hebt. Een dichter kan er gemak van hebben wanneer hij niet al te veel weet. Er bestaan dichtende boeren en dichtende vuurvreters. Zelden zorgde de academie voor een poëtische revolutie.

Ooit had je de academisten in de literatuur, het moet ergens in de jaren zeventig van de vorige eeuw zijn geweest. Een journalistieke verzamelnaam was het voor een groep schrijvers die blijkbaar geen al te vlotte en frivole indruk maakte. Het had weinig van doen met de academie.

Toch scharrelen er aan de universiteit wel een paar dichters rond. Vaak blijft het onduidelijk of er sprake is van een osmose tussen hun geleerde en poëtische vermogens.

Ik heb gefluister gehoord over een dichter die al een mensenleven op de universiteit rondhangt, die daar niets wetenschappelijks van belang heeft gepubliceerd noch op zijn vakgebied enige ontdekking heeft gedaan, die als hoogst oninspirerend wordt herinnerd door al zijn leerlingen en die toch met zijn twee, drie bundeltjes de grote mars heeft gelopen door alle denkbare literaire commissies en jury's van het land, zijn huisvrienden nijver klontjes en wortels toestoppend, maar verder lui in de literatuur en lui in de academie.

Type T. van Deel dus.

Dichters die er de kantjes aflopen en met hun schaarse talent en buitensporige kleefvermogen de universiteit een slechte naam hebben bezorgd.

Zelfs T. van Deel kan ons niet definitief doen kokhalzen.

Er blijft een band bestaan, een dunne maar traditionele en tedere band, tussen hogeschool en dichtkunst. Noemde Piet Paaltjens zijn *Snikken en grimlachjes* in de ondertitel niet *Academische poëzie*?

Dat maakt veel goed.

Er is nog een soort universitaire dichters waar ik een zwak voor heb. Types die op hun eigen gebied belangrijk werk hebben verricht en die ook in de poëzie voor een specifiek geluid – soms maar een geluidje – zorgden.

Dat 'eigen gebied' was nooit de moderne letterkunde en dat 'specifiek geluid' klonk altijd een beetje dwars.

Dichters als N.E.M. Pareau en Jan Emmens, om er een paar te noemen. Dichters als Wilfred Smit en J.C. Noordstar. Misschien hoort ook J.P. Guépin er een beetje bij, al valt bij hem het poëtische en wetenschappelijke werk moeilijker te scheiden. Twee juristen, een kunsthistoricus, een slavist en een classicus.

Onze poëzie zou arm zijn als ze niet bestonden.

Hun verzamelde poëtische werk is bescheiden, ze kenmerken zich door een schoorvoetende houding jegens de officiële poëzie en toch betekent voor elk van hen de poëzie iets wezenlijks, iets wat *buiten* hun wetenschap staat maar zeker niet *lager* – ze stellen zich op als amateurs, maar beheersen het metier al van den beginne beter dan de professionals.

Natuurtalenten, met de pech tussen de muren te zitten van een cultuurbolwerk.

J. Goudsblom hoort hier beslist bij. Ook bij hem, de auteur van vermaarde boeken op sociologisch terrein, die ietwat reverentiële houding jegens de literatuur. Niet dat hij aan overmatig respect voor Nederlandse dichters zou lijden, het is eerder het instinctieve besef dat kunst begint waar wetenschap ophoudt. Goudsblom doet of de literatuur een tijdverdrijf is, een te wijde jas voor een nuchtere wetenschapper, maar intussen heeft hij wel degelijk oog voor de ernst en de authenticiteit ervan. *Reserves*, een typerende titel voor zijn literaire verzamelbundel.

In *Reserves*, dat uit 1998 stamt, staat *Pasmunt* herdrukt, een bundel uit 1958 met als ondertitel *Aforismen, versjes en notities.*

Versjes!

Het zijn er bovendien maar een handjevol, waaronder het welbekende kwatrijn –

Mijn beter ik en ik
streden erop of eronder.
Mijn beter ik bezweek,
nu ben ik, goddank, zonder

– fraai dat iemand maar tien gedichten heeft geschreven en dat er eentje klassiek is. Tien procent van je werk bij je leven al klassiek, kom er eens om bij de nijvere Deeltjes.

Blokzijl is afkomstig uit hetzelfde *Pasmunt.*

De woorden lijken ontdaan van alles wat poëzie is en toch is het poëtisch effect verbluffend. Dat totaaleffect berust op stiekeme neveneffecten die je moeilijk kunt uitleggen. We moeten niet krampachtig proberen hier hogere poëzie van te maken. Toch doen we het gedicht groot onrecht aan door ons te fixeren op het lulligheidsgehalte.

De naïeve dagboektoon die meteen al een elegische cadans krijgt –

Heel wat gezien onderweg: auto's en boeren en bossen en
veulens in de wei

– ja, dat moet de schrijver zelf ook hebben gecharmeerd, maar het blijkt sterker dan hij, de wanhoop sluipt binnen, de wanhoop van de hopeloos vele veulens, de wanhoop van het *En hier en daar* en het *En bij Nijkerk*. En ook nog eens een molen. En ook nog eens een vrouw. Of misschien iets anders? En ook nog een paar keer afgestapt.

Het komt er uiteindelijk op neer dat je van bier loom wordt. Welbeschouwd is *Blokzijl* een praktijkverhaal met een moraal.

Een fabel dus.

En nooit in de Nederlandse poëzie stond het woord *neuriënd* er zo mooi bij.

KASTANJES!

Als we de steen mogen geloven
Dan rust jij, Wim, vier lentes net,
Hier haast een halve eeuw al met
Je broertje Joris, dat van boven

Boem! op je buikje werd geschoven
Als veels te groot verjaarspakket –
Geen toetertje deed rettettet,
Geen wimpeltje werd rondgewoven.

Er is sindsdien maar weinig leven
Behalve soms die doffe ploffen
Zo'n zes voet boven jullie bol.

Als jullie samen nu eens even
Naar buiten kwamen, zou je boffen:
Kastanjes, kerels! 't Ligt hier vol!

Hendrik van Teylingen 1938-1998

Hoe kan iemand een hare krisjna zijn, in zo'n sinaasappeljurk, en tegelijk een van de meest komische dichters uit onze literatuur? Ziedaar het raadsel Hendrik van Teylingen.

Je kunt de kale kabouters in hun soepjurken natuurlijk op zich al dolkomisch vinden, zodat alles wat ze doen vanzelf een komisch tintje krijgt. Maar de gedichten van Hendrik van Teylingen liggen niet in het verlengde van zijn hare krisjna-geloof, ze contrasteren ermee. En ze contrasteren er ook weer niet mee, wat bijdraagt tot de spanning. Zijn gedichten etaleren en verkondigen geen geloof, maar de humus van zijn poëzie is wel van zijn geloof doordrenkt.

Hij weet tegenover de grote symbolen en de stellige ideeën, die in elk geval voor de poëzie vaak te groot en te stellig zijn, zijn naïveteit en kinderlijkheid te handhaven. Hij weet klaar en nuchter om zich heen te kijken, zo zeker is hij van zijn innerlijk oog. Hij is realistisch genoeg om aandacht te hebben voor het absurde en onthecht genoeg om ook onwillekeurig komisch te kunnen zijn.

Het stroomt bij hem, zegt hij, uit de tuit. Hij weet niet precies hoe het dichten in zijn werk gaat. 'De tuit is dienstbaar aan de pot.'

En zijn laconieke conclusie luidt: 'Schenken dus.'

De dichter als tuit. Van Teylingen heeft flink geschonken toen hij halverwege de jaren negentig opnieuw als dichter opdook, na ruim twintig jaar geen bundel te hebben gepubliceerd.

Er zijn maar twee dichters met wie je Hendrik van Teylingen zou kunnen vergelijken. De eerste is J. A. Dèr Mouw, al zal het nog wel even duren voor Van Teylingens oosterse naam, Hayesvara Dasa, net zo'n begrip wordt als Adwaita, de dichtersnaam van Dèr Mouw. Wat beiden gemeen hebben is hun taalprecisie, het raffinement van hun eenvoud – of de moeilijkste dingen moeiteloos uit hun vingers rollen – en hun vermogen om van hun onaanpasbaarheid een deugd te maken.

Je krijgt ze lief, deze twee polder-Hindoes, omdat hun excentriciteit ontwapenend werkt en omdat ze vóór alles dichter blijven. De meeste religieuze dichters overlijden op weg naar de poëzie aan hun godsdienst. Voor Dèr Mouw en Van Teylingen blijkt de mystiek juist een vitaliserende kracht. Een kracht die hun onafhankelijkheid versterkt. Ze zijn bang voor God noch gebod.

De andere dichter aan wie Hendrik van Teylingen, met zijn combinatie van heilige ernst en burleske, me soms doet denken is de nonsensdichter Christian Morgenstern, ook al zo'n spirituele hengelaar.

Ze zoeken het heilige in het onooglijke, het hogere in het dagelijkse, de wereld in een korrel zand en de hemel in een goudvis. Dat maakt hun poëzie aards en tegelijk oneindig, of je een engel hoort in kamerjas –

't Is me bekend dat het poëem
Waar menig dichter steeds van droomt –
Dat ieder uitgelezen vers
In elke taal van het heelal

Beschamend overbodig maakt –
Ritselt in elke pagina
Zowel van De Exloër Klaroen
Als van De Stem van Nijverdal.

We staan alleen voor het probleem
Hoe uit hun lettergekrioel
Precies de tekst te puren die
De poëzie voleinden zal.

Aldus Hendrik van Teylingen. Je krijgt de indruk – ik weet niet hoe of waardoor – dat het universele gedicht er op deze laconieke en microscopische manier eerder zal komen dan door halleluja's en de blik naar boven.

Voor het woord Gods hoef je niet verder dan *De Stem van Nijverdal.*

Na zijn dood in 1998 lijkt de dichter Van Teylingen snel in de vergetelheid geraakt. Daar moet iets aan gebeuren. Al gooien we opgelucht zijn sinaasappeljurken en zijn vide-vade-vedische new-age-gedoe weg, we mogen zijn gedichten niet meegooien. Misschien duurt het opnieuw een eeuw voor de combinatie van oosterse mystiek en onuitroeibare rondborstigheid een dichter oplevert.

Kastanjes! lijkt met zijn tweemaal twee rijmklanken bijna het product uit een professionele rijmfabriek. Toch klinkt het naturel. Het heeft zelfs iets ontroerends door de volgehouden kindertaal waarmee de dichter de vierjarige Wim toespreekt. Boem! Buikje. Veels te groot. Rettettet. Rondgewoven.

Maar de dichter spreekt twee kleuters toe die al een halve eeuw dood zijn. De dichter veronderstelt dat ze nu samen wel eens even naar buiten zouden willen komen.

Kastanjes, kerels!

Het 'kerels!' getuigt van een optimistische hopeloosheid, je krijgt er een brok in de keel van. Het maakt

(...) die doffe ploffen
Zo'n zes voet boven jullie bol

tot grote, gestolde tranen die langzaam neerdalen op de aarde, precies op de plek waar de beide onuitgebotte kereltjes liggen.

DOOD

Dood. Heb geen angst. Talm niet
voor mijn deur. Kom binnen.
Lees mijn boeken. In negen van de tien
kom je voor. Je bent geen onbekende.

Hou mij niet voor de gek met kwalen
waarvan niemand de namen durft te noemen.
Leg mij niet in een bed tussen kwijlende
kinderen die van ouderdom niet weten wat ze zeggen.
Klop mij geen geld uit de zak
voor nutteloze uren in chique klinieken.

Veeg je voeten en wees welkom.

Eddy van Vliet 1942-2002

Nu Eddy van Vliet is overleden is dit gedicht een januskop. Het kijkt naar twee kanten. Je kunt je voorstellen dat de dichter het schreef terwijl hij aan zijn eigen dood dacht. Je kunt je ook voorstellen dat je het gedicht leest terwijl je, als lezer, terugdenkt aan de maker. De maker is dood, het gedicht leeft voort. Het persoonlijk gedicht werd een algemeen gedicht. Maar – wonderlijke paradox – daardoor ook een des te persoonlijker gedicht. De maker verdween en het gedicht gloeit dubbel.

'Heb geen angst' staat er in de eerste regel. Op z'n janboerenfluitjes associeer je zo'n zin met: 'Heb geen angst voor de dood.' Een mens hoort bang te zijn voor de dood, zoals een ongetrouwde juffrouw hoort te schrikken van een muis.

Maar je realiseert je haast gelijktijdig dat de dichter hier de dood toespreekt. Het eerste woord – 'Dood' – is een vocatief. In de volgende regels nodigt de dichter de aangesprokene uit zonder omhaal binnen te komen.

Dat iemand de dood adviseert vooral niet bang te zijn is een fikse omkering van zaken. Het bevrijdt het gedicht meteen van elke verdenking van sentimentaliteit, een smet die aan zoveel doodsgedichten kleeft. Nogal vergeeflijk, misschien.

De dichter nodigt de dood uit zich onder zijn lezers te scharen. Nog een stapje verder. Traditioneel worden we geacht ons te laten opnemen in het eeuwige boek van de dood. Ook de dichters wacht dat boek. Keizer, koning, admiraal. Nu bevindt de dood zich in het boek van de dichter –

Lees mijn boeken. In negen van de tien
kom je voor. Je bent geen onbekende

'Je bent geen onbekende' – een zoveelste doorbreking van het verwachtingspatroon. Een uitspraak die tegendraadser is dan de vertrouwelijke toon doet vermoeden.

De dichter lijkt al net zo van angst bevrijd of wenst zich als van angst bevrijd te presenteren.

We hebben opnieuw een paradox beet. Voor *niemand* is de dood onbekend. Er leeft geen mens, tenzij geparalyseerd of drie weken oud, die de onomkeerbare nadering van de dood kan zijn ontgaan. In die zin is de dood voor iedereen een vertrouwde. In die zin klinkt het 'je bent geen onbekende' als een mededeling die nauwelijks argwaan wekt. Maar de nuchterheid van de mededeling staat haaks op de gevoelens die er doorgaans bij worden gekoesterd. Bij negen van de tien mensen roept de dood paniek op. Negen van de tien mensen deinzen er voor terug de dood als een vertrouweling te zien.

Er bestaat geen groter contrast ter wereld dan tussen de algemeenheid van de dood en de manier waarop mensen tegen de dood aankijken – als tegen een vreemd, onmogelijk, wanstaltig, onacceptabel iets.

De dichter groet de dood. Oude bekenden onder elkaar.

Na het paaien in de eerste strofe klinkt in de tweede strofe toch een opstandige, gebiedende toon door. Geen opstandigheid tegen de dood, maar opstandigheid tegen het verzet. Via een laconieke omweg laat de dichter ons weten dat zijn trouwe makker welbeschouwd geen al te toffe vriend is. Het is een vriend die hand in hand gaat met onuitsprekelijke ziekten, kindse grijsaards, louche geneesheren. Hoe meer je voor hem kiest, hoe minder je te duchten hebt van zijn handlangers. Daarom in de slotregel –

Veeg je voeten en wees welkom

– let op de mengeling van gebiedende en vriendschappelijke toon. De dood valt alleen te vrezen als we ons verzetten. Dood en angst zijn gescheiden zaken.

'Veeg je voeten' – de dood was nog niet binnen.

Kort daarop is voor de dichter de dood daadwerkelijk binnengetreden. Zoals vaker in de kunst volgde de realiteit de fantasie. Eddy van Vliet bleef zijn poëzie trouw. Hij presenteerde zich niet als iemand die van angst bevrijd was, hij *was* het. Luttele weken voor zijn dood nog publiceerde *Humo* een interview met hem, scherp en op een respectabele manier onsentimenteel. Een dag na zijn overlijden schreef zijn vriend Remco Campert over hem: 'Hij had besloten dat het geen zin had om langer in leven gehouden te worden. Het infuus kon wel weg. Hij weigerde om bang te zijn voor de dood.'

Een dichter hoeft zich vanzelfsprekend niet aan zijn gedichten te houden, zoals een dokter zich niets hoeft aan te trekken van zijn eigen voorschriften. Dat Eddy van Vliet het wel deed heeft dit gedicht definitief betoverd en geladen met energie. De dood van de dichter verankerde een gedicht over de dood in het geheugen.

Het is nu een magisch doodsgedicht.

IN D-MINEUR

[Uit de reeks: *Ron*]

Ik ben de jongen die jou nakeek, toen.
De man die nog geen haartje wijzer is.
De demon van het zwarte notenbeeld.
De dromer zonder reden van bestaan.
De dreumes die z'n grote broertje zocht.
De duvel uit een doosje van fluweel.
De dief van je verleden en je lijf.
De dwaas die onbeschaamd heeft liefgehad.
De dervisj dansend buiten het gareel.
De drinker die een bende heeft gemaakt.
De dutter die de tijd voorbij liet gaan.
De djinn die nog een keer verschijnen wil.
De domoor die geen deficit aanvaardt.
De dichter die er niets meer aan kan doen.

Peter M. Heringa 1945-1987

De canon is hardnekkig. De canon is een rubberen pop. Je kunt ertegen trappen wat je wilt, steeds weer springt hij in de houding. De canon is grijze kauwgom. Roep luid dat hij aan herziening toe is en de gelederen van de oude canon sluiten zich. Rubber, kauwgom, elastiek.

Jacob Israël de Haan en J. A. Dèr Mouw behoren tot de grootste dichters van hun periode, duizendmaal groter en interessanter en moderner dan P.C. Boutens en Willem Kloos, en toch bereikten ze nooit de canon. Had het te maken met het feit dat ze joods en homoseksueel waren, of anderszins gevaarlijk? Ik weet het niet.

Wel weet ik dat – hoe onvoorstelbaar het ons nu ook klinkt – zelfs de literatuurgeschiedenissen van Nederland nog lange tijd 'verzuild' waren. Je had de socialistische literatuurbeschouwing van Stuiveling, de ‘gristelijke’ van Heeroma, de katholieke van Knuvelder en Van Duinkerken. Wie onder twee of drie noemers viel werd automatisch een beetje vaderlandser en geschikter voor de canon. Buitenbeentjes vielen uit de boot. Nu is de literaire pikorde ontzuild en nog altijd staat één ding vast: De Haan en Dèr Mouw zullen nooit hoog scoren.

Dat is het vreemde van de canon.

Er was een enquête onder de leden van de Maatschappij der Nederlandse letterkunde. Hoe moet de lijst eruitzien van de honderd boeken die verplichte kost op scholen zijn?

De grootste verrassing van de lijst is wel dat ze volkomen zonder verrassingen is. De eerste tien of vijfentwintig werken van de Nederlandse literaire canon zijn nog dezelfde als in mijn middelbareschooltijd. Multatuli’s *Max Havelaar* en Gorters *Mei*. Een vierde plaats voor de *Gysbreght van Aemstel* en verder de *Camera Obscura* en de *Beatrijs* en, welja, *Sara Burgerhart*.

Alleen door lijsten als deze woekeren Frederik van Eeden en Herman Teirlinck en Arthur van Schendel voort.

Wanneer zal Gysbreght ooit definitief kreperen?

Méér losse vragen wellen in je op. Hoe komt het dat de leden van de Maatschappij, die toch tot een lezersvoorhoede moeten worden gerekend, zo weinig originaliteit aan de dag leggen? Waarom hebben alle herinterpretaties van de zeventiende, achttiende en negentiende eeuw zo weinig invloed gehad? Verschuift een canon pas als de wereld essentieel verandert?

Voor de Maatschappij der Nederlandse letterkunde is de wereld in elk geval niet veranderd.

De Hollandse letterheren leunen zwaar op de traditionele uittreksellijstjes, hun pedante cultuurpessimisme ten spijt. Wat zou de gemiddelde leeftijd zijn van de deelnemers aan deze enquête? Een vraag die niet wordt beantwoord.

Je bent uiteraard al een voorgeselecteerde gezagsgeilaard als je dat soort vragenlijsten invult. Ik heb sterk de indruk dat de meerderheid heeft bestaan uit gepensioneerde leraren Nederlands. Het soort leraar dat al in een vroeg stadium ophield met lezen. Het soort leraar dat vindt dat je van de *Gysbreght van*

Aemstel iets kunt opsteken. Het soort leraar van wie je geen verrassingen verwacht.

Ik ben dol op Vondel, maar ik zou er niemand mee willen treiteren.

Behalve de rubberen canon heb je ook de canon van de dag.

Daarin wisselen kopploeg en bezemwagen elkaar vrij snel af. Verwaarloosde namen raken in de mode en solide gewaande sterren verdampen. De canon van de dag heeft veel weg van een beurs. Wie telt mee en wie niet?

Er zijn coryfeeën van vijf jaar, vijf maanden, vijf dagen of vijf uur.

In de tijdelijke canon is het een komen en gaan van overschatte en onderschatte schrijvers.

Sommige schrijvers raken tijdens hun leven wel driemaal overschat en onderschat.

Anderen komen op een heel speciale manier nooit in die canon terecht. Dat zijn de eeuwige outsiders die, zelfs als ze worden ontdekt, niet echt worden ontdekt, alsof het hun talent is in het donker te gloeien.

Zo'n dichter is Peter Heringa van wie we alleen wat bibliofiele bundels, plaquettes en tijdschriftbijdragen kenden en wiens verzamelde gedichten, 268 stuks onder de titel *Voces Intimae*, in een eveneens luxe en beperkte oplage verschenen.

Peter Heringa, die schreef onder pseudoniemen als H.G. Liebentrau en Peter Leberecht en ook vertaalde uit de Italiaanse, Portugese en Nieuwgriekse poëzie, is een dichter die net zo goed bekend had kunnen zijn. Hij schreef gedichten die al hoog en breed tot de canon van de dag hadden kunnen behoren. Waarom dat niet gebeurde valt niet te verklaren. Tragisch talent treft tragisch lot, meer kan je er niet over zeggen.

Zijn *In d-mineur*, deel uitmakend van een cyclus bij het sterven van zijn vriend en levensgezel Ron Ramsay, is tegelijk een wanhopige opsomming en een liefdesgedicht. Na de verliefde jongen van vroeger en de nog even domme man van nu uit regel één en twee volgt een reeks d-woorden, demon, dromer, dreumes enzovoorts, allemaal vooruitlopend op

– en ook vooruitlopend, vanzelfsprekend, op het *deficit* uit de voorlaatste regel, het deficit dat door de domoor niet wordt aanvaard. Het is bij elkaar een emotioneel gedicht, in toom gehouden door spel en vorm. Misschien was Peter Heringa *te* ingenieus om ontdekt te worden.

TE HOOG GEGREPEN

REBUS IN DE BUS

Wie zaten er vanochtend in de bus
behalve de chauffeur wiens roze wang
zo vloekte met zijn mooie rooie haar.
Een woeste oude boer met grijze ogen
en zijn gezicht in aanslag, en een woelig kind
doofstom, dat met zijn eigen dunne vingers praatte.
Een vrouw van vijftig, een zigeunerin of zo
ze stapte uit bij het woonwagenkamp
ze had een luipaard-jasje aan en kleine oren.
Een papoea-familie, drents van spraak
zo lief, zo lelijk en zo onbevangen.
Ik zat en luisterde en zag het aan
eerlijk gezegd en tegen beter weten in
verwachtend dat nu eindelijk 'De Zin'
zichzelf in deze bus zou openbaren
van al die raadselachtige aanwezigheden.
Maar nee – natuurlijk nee. De enige conclusie was:
ik houd van mensen in een bus, ik houd van gras
en lucht. Ik rij van Groningen naar Roden.
Ik leef een tijdje. Ik begrijp het niet,
zelfs niet als 'Het' zo duidelijk wordt aangeboden.

M. Vasalis 1909-1998

De postuum verschenen dichtbundel *De oude kustlijn* van M. Vasalis bleek een succesnummer. De bundel hoorde, leerde ons een nieuwsbericht, tot 'de best verkochte boeken van de Boekenweek'.

Voor dat succes kun je verklaringen aanvoeren. De oudste generaties poëzielezers beschouwen Vasalis altijd nog als een boegbeeld van het betere traditionalisme en antimodernisme, een acceptabele Bertus Aafjes zal ik maar zeggen. Ze was iemand die vóór de Vijftigers furore maakte en als de dichtende hoop van de toekomst werd beschouwd en die niet, zoals Bertus Aafjes, de Vijftigers verketterde toen die het landschap kwamen omschoffelen.

Vasalis deed er het zwijgen toe en voor dat zwijgen werd ze meermalen beloond.

Dat er na *Vergezichten en gezichten* haast een halve eeuw verstreek voor *De oude kustlijn* verscheen zou een tweede verklaring voor het succes kunnen zijn.

Wat lang heeft gerijpt moet goed zijn en stille waters hebben diepe gronden.

Een groep lezers zal de bundel hebben gekocht uit oude rancune en een groep lezers zal de bundel hebben gekocht als late hommage. Bij menigeen zal het een mengeling van rancune en hommage zijn geweest.

Een verklaring voor het succes die u me *niet* hoorde aanvoeren is de kwaliteit van de gedichten.

Dat de dichteres dood is en zo lang haar mond heeft gehouden vormt geen verzachtende omstandigheid. De waarheid is dat *De oude kustlijn* poëtisch nogal teleurstelt.

Er staan misschien een paar wijze observaties in – met die combinatie van mildheid en opstandigheid die bij oudjes vaak voor wijsheid wordt aangezien – observaties dus over relaties, over vertrekkende kinderen en kleinkinderen, over demente moeders en het paradijselijk verleden, maar voor die onderwerpen hebben we al dichters genoeg in de aanbieding. Blijkbaar zijn er lezers die aan familiegeslijm verslaafd zijn.

Ze is sinds Vijftig aan het hakken gebleven, de beeldhouwer Vasalis, dat weten we nu. Maar haar beelden kregen nooit meer écht vorm.

Er is iets groots, iets wilds en rustigs gaande
in ons, aan de kant van het water staande
als stemvorken staan onze hoge benen
en zoemen op de zoemende grond

– het blijven ongelukkige regels, ondanks de gedurfde gooi met de stemvorken. 'Iets groots, iets wilds en rustigs', dat vertoon van barokke onmacht komen we vaker tegen –

Een hartstochtsloze en totale aanwezigheid
maakt zich nu kenbaar en het is
of in een diepe adempauze van de tijd,
dichtbij, een pasgeboren kind
zich stil, volmaakt en ademend bevindt

– totaal, diep, stil en volmaakt, het is eerlijk gezegd te veel van het goeie. Verbazend is dan weer dat we het handjevol betere gedichten in de bundel pas tegen het einde tegenkomen. (*De oude kustlijn* is chronologisch opgebouwd, van vroegere fragmenten tot gedichten waar Vasalis nog tot vlak voor haar dood mee in de weer was.) Dan maken de gedichten ineens een wat definitiever en afgeronder indruk, gedichten als *De verstekeling*, *Droom* en het schokkende vierregelige

Vanavond huilt, als door een schoorsteen heen de wind,
weer lichaamloos, verdwaald het kind
dat in en om mijn lichaam zwerft en dat geen rustplaats vindt
totdat mijn dood ons eindlijk weer verbindt

– schokkend, mits je het een beetje welwillend leest. Een kind dat *in* en *om* een lichaam zwerft zoals de wind huilt *door* een schoorsteen, de goeie bedoeling sterft al bij de tweede lezing aan voorzetselinflatie.

Van alle gedichten in de bundel doet *Rebus in de bus* nog het meest z'n best op een echt Vasalis-gedicht te lijken. Het herinnert aan *Afsluitdijk*, haar klassiek geworden busgedicht uit *Parken en woestijnen*.

Ook daar zit ze en ziet ze het aan. Ook daar beleeft ze het wonder van tijd en aanwezigheid, zoals ze het in *Rebus in de bus* beleeft, al lijkt het wonder nu uit te blijven.

Dat uitblijven is schijn, want het samenvallen van diepte en oppervlakte ervaart ze als verbazingwekkend genoeg –

Ik leef een tijdje. Ik begrijp het niet,
zelfs niet als 'Het' zo duidelijk wordt aangeboden

– de bus als goocheldoos en lege capsule. Toch wil *Rebus in de bus* maar geen echt gedicht worden. Naast *Afsluitdijk* werkt het als een schets voor een gedicht, een ontwerp, een kladje. 't Is meer de lay-out voor een gedicht dan een gedicht. Niet eens vanwege de slordigheden, zoals oren die je kunt aantrekken –

ze had een luipaard-jasje aan en kleine oren

– nee, eerder omdat het vers zo'n uiteengerafelde indruk maakt, alsof Vasalis naast wat schilderachtige beelden vooral de effecten optekent die ze in het uiteindelijke resultaat wil bereiken.

In een goed gedicht horen zulke regieaanwijzingen verdampt te zijn. Aan een goed gedicht zie je niet dat de dichter opzettelijk een goed gedicht heeft willen schrijven.

Dát hyperbewustzijn maakte waarschijnlijk dat Vasalis zweeg, al die jaren. Terecht.

WAT DE HAND KAN GRIJPEN

De vierdrachme-munt
Pallas Athene gehelmd naar rechts
haar steenuiltje frontaal
met olijftak en sikkelmaan
is zo volmaakt
dat enkel Sokrates en Alkibiades
de zware gladheid
aan hun vingertoppen voelden
eer zij op het Feestmaal
in een vloerspleet gleed,
glorieuze meteoriet
uit Hellas' kosmos.

Hans Warren *1921–2001*

In de bundel *Een stip op de wereldkaart* van Hans Warren staan voornamelijk versjes over anticke voorwerpen die hij gedurende zijn leven heeft verzameld. Oosterse, Afrikaanse, Grieks-Romeinse voorwerpen, slechts een enkel ding iets dichter bij huis. De versjes zijn doorgaans volgens hetzelfde stramien in elkaar gezet. Kijk eens hoe fantastisch en exotisch het voorwerp is. Kijk eens hoe fantastisch en uniek ik ben dat ik het fantastische van het voorwerp meteen heb herkend. Kijk eens hoe fantastisch en gezellig het is dat het voorwerp en ik elkaar op aarde nu even mogen bezitten.

Er is vaker een poging gedaan om aan de hand van wat men heeft verzameld tot een zelfportret te komen. Zeg me wat je aan lievelingsdingen bezit en ik zal je zeggen wie je bent. Ik denk aan boeken als *La maison d'un artiste* van Edmond de Goncourt en *La casa della vita* van Mario Praz. Dat zijn beide prozaboeken, en in proza kan uitvoerig voor tekst en uitleg worden gezorgd. Bij gedichten ligt dat moeilijker. Als er geen afbeelding van het bezongen voorwerp wordt bijgevoegd krijgen ze al snel iets cryptisch. Zelfs als Hans Warren een keer zo vriendelijk is ons zowel de naam van de kunstenaar als de titel van het kunstwerk te noemen –

Viba, Anaïs, Dorette,
heel Brockhursts dream of fair women
aan de wanden

– dan nog valt hij alleen bij te benen door de hooguit drie mensen in Nederland die zich bij de naam Brockhurst iets kunnen voorstellen.

Een stip op de landkaart had, als het dan toch had moeten verschijnen, beter kunnen verschijnen met illustraties naast de gedichten. Zoals de bundel nu is zijn het praatjes bij plaatjes, maar dan zonder plaatjes.

Eigenlijk had het beter helemaal niet kunnen verschijnen. Liep er dan niemand rond in de omgeving van Hans Warren die hem kon waarschuwen dat hij met deze versjes gevaarlijk dicht terugkeerde naar zijn beginnerstadium – naar het esthetisch-softe gewauwel waar hij in zijn eerste Windroosbundels, anno de jaren vijftig, het patent op had?

De Windroos, dat was toen een onafzienbaar omvangrijke poëziereeks waarin de kneusjes, de epigonen, de dominees, de humanisten, de ethisch-bevlogenen, de pointeloze wauwelaars en een enkele toevalstreffer werden opgevangen.

Het is koel en stil,
een tempel voor de kunst. Voor
altijd hangt het masker hier. Zie
de verfijning van het geloken oog
en die smartelijk vertrokken mond.
Dit is schoonheid

– dit is toch wel echte originele gepatenteerde Windroospoëzie. Het staat woord voor woord in deze nieuwe bundel. Koel, stil, verfijnd, smartelijk en slap gebabbel.

Van alle gedichten in deze bundel is bijgaand *Wat de hand kan grijpen* nog het minst beroerde. Bij het lezen van de titel dacht ik onmiddellijk: het vers zelf zal aanstonds gaan over de lul des dichters, maar gelukkig bleek alleen een zwaar en glad muntstuk de hoofdrol te vervullen. Het Griekse *drachme* betekent dan ook letterlijk 'wat een hand kan grijpen'.

In dit gedicht van één zin wordt het voorwerp zó beschreven dat er niet echt een afbeelding nodig is en bovendien is er iets aanwezig van een pointe, een inzicht, een draai, een conclusie, of hoe je het ook noemen wilt.

Een simpele vloerspleet vormt de schakel tussen verleden en heden, tussen hemel en aarde, tussen moment en eeuwigheid. De ongeschondenheid als meteoriet. Banaliteit en schoonheid ontmoeten elkaar.

Toch vrees ik dat ons ook hier wordt ingepeperd dat we, om het gedicht compleet naar waarde te kunnen schatten, eerst Plato's *Feestmaal* van begin tot eind moeten hebben gelezen, uiteraard in de vertaling van Mario Molegraaf, de vriend des dichters en naar alle waarschijnlijkheid de medebeheerder van de grijpbare en goddelijke vierdrachme-munt.

De heren verkeren slechts met Sokrates en Alkibiades op gelijke voet, of althans met door Sokrates en Alkibiades beroerde steenuiltjes. De dichter lijkt *ons*, arme ignoramussen, uit het oog te hebben verloren.

Buitengesloten voelden we ons ook meermalen in de afdeling *Bij gelegenheid* die aan de oudhedengedichtjes werd toegevoegd.

Bij welke gelegenheid?

Soms vertelt Hans Warren het erbij, gelukkig. Zo is er een gedicht dat werd vervaardigd bij de tachtigste verjaardag van Guillaume van der Graft, oud-dominee en oud-Windrooscollega. Hans Warren brengt Van der Graft de meisjes Katinka en Sibylle in herinnering, hun respectieve muzen van langgeleden –

Ik druk je hand. Katinka en Sibylle,
de nimfen, gingen, maar zij leven jeugdig voort
in menig hart door een gelukkig woord

– een woord van ons tweetjes, natuurlijk, een gelukkig woord van Van der Graft en Warren, allemaal warme woorden van dominees van tachtig die elkaar voor het laatst nog eens de hand drukken, woorden die in de jaren vijftig niets minder voorstelden dan –

boegbeelden voor een nieuwe poëzie -

Windroosgenieën!

EPITAPHIUM MARIJN DE JONG

obiit augustus 1975

't Bemind aanbiddelijk onuitspreekbaar woord
door Harold stervend Willem toegeworpen
geboekstaafd eindelijk door Daniel Jones

Larynx, pharynx, cavum oris, ja
velum palatinum, uvula
thorax, diaphragma, rib en ruggegraat

ál krakend, wrijvend is 't
eer 't magisch eiland opdoemt in den mist:
Essentie van het Engelsch, Horsa en Hengest

tot den schreeuw des dwazen Lear
en Letters to the Editor
dat woord van tweed en briar

gij spreekt het zoo perfect als bellen blazen

Articuleerend dit object
extatisch artefact.

Christine D'haen 1923

Aan het eind van de jaren vijftig al verscheen van Christine D'haen *Gedichten 1946-1958*, een bundel die de indruk maakte van een verzameld werk. Het leek of iemand je de bescheiden oogst van een afgesloten dichterschap presenteerde. Zo las je de gedichten ook. Ze bezaten een archaïsche inslag, ze waren een beetje tegen de geest van de tijd, een beetje excentriek ook. Er waren een paar gedichten bij die ik zeer bewonderde.

Sindsdien is Christine D'haen doorgegaan en doorgegaan.

Haar dichterschap bleek net te zijn begonnen en bescheiden was ze ook niet. De archaïsche elementen – de ouderwetse spelling en de aan stoffige compendia ontleende woordkeus – die je nog een tijd als *camp* kon blijven waarderen begonnen op je zenuwen te werken, vooral omdat de dichteres zo ongelooflijk in haar eigen superioriteit geloofde. Haar manier werd een maniertje, het verhevene werd hoogdravend.

Ze groeide uit tot iemand die zichzelf parodieerde en dat geen moment in de gaten had.

Daartussendoor publiceerde ze nog een biografie van Guido Gezelle, zonder concurrentie de meest ridicule biografie van de twintigste eeuw.

Ze werd een halfroomse, halfklassieke Sibylle die ervan overtuigd leek dat ze in alles het laatste woord hoorde te hebben omdat ze in raadselen sprak.

Haar vergoddelijking was compleet toen ze een schildknaap ontdekte die Paul Claes heette, en die ook al het verschil tussen hoogdravendheid en belachelijkheid niet aanvoelde. Deze oudere jongeman kon jongleren met Grieks en Latijn en Frans en andere dooie talen en wat het belangrijkste was, hij vond Christine D'haen de gewichtigste dichteres aller tijden.

Ze tilde hem dus op haar wolk en sinds die dag is het paar onafscheidelijk.

Als er een aforisme van Christine D'haen verschijnt is Paul Claes er in drie tijdschriften als de kippen bij om die uitspraak te duiden. Als er een bundel van Paul Claes verschijnt wordt zijn bundel op dezelfde dag door Christine D'haen in de pers bejubeld, met zalf bestreken en gebalsemd. (Paul Claes schrijft bundels van gemiddeld tien bladzijden, dat helpt.)

Roep je in een echoput de naam Paul Claes dan galmt de put de naam van Christine D'haen terug, en omgekeerd. Knijp in de arm van Christine en Paul roept au.

Ze wedijveren in gebrek aan ironie.

Paul Claes heeft een boekje over het ultieme meesterschap van Christine geschreven. Gewrocht, dient men te zeggen. De hoofdstukken in dat boekje dragen titels als Nyx, Styx, Nixe en

Ptyx. Denk aan de larynx, de pharynx en de thorax in bijgaand gedicht.

Die twee zijn aan de x verslaafd. De x van het geheim, de x van nix. Twee genieën weten wat chic is.

De laatste keer dat Christine D'haen een bundel van haar schildknaap prees schreef ze, zonder een spier te vertrekken, over de trits Dante, Shakespeare en Paul Claes. Ik heb het zelf gelezen, anders zou ik mijn ogen niet hebben geloofd.

Wat ooit begon als rebels en weerbarstig werd pedante bluf en leeg woordspel, bedoeld voor één discipel. Gewone lezers als u en ik zijn voor deze hemelse dame te vulgair geworden.

In bijgaand grafgedicht, afkomstig uit een bundel van 1989, is het opnieuw te veel van het goeie. Engelsch met cee-haa, den schreeuw des dwazen Lear, de dubbele o.

Christine D'haen voegt een halve bladzijde noten aan het gedicht toe, alsof ze bang is dat zelfs Paul Claes het niet zal begrijpen. Ze legt daarin uit dat de overledene een anglist was, dat hij vlak voor zijn dood King Lear las, maar wat we wél onmiddellijk willen weten, namelijk wat

't Bemind aanbiddelijk onuitspreekbaar woord

uit de eerste regel precies is, dat vertelt ze ons niet.

Heeft ze het misschien ergens in haar gedicht verstopt? Dan ben ik daar te dom voor.

In haar waslijst met uitleggingen schrijft Christine D'haen dat Horsa en Hengest Paard en Hengst betekenen en dat King Lear een oude dwaas is uit een stuk van Shakespeare, maar voor het aanbiddelijk woord worden we verwezen naar het uitspraakwoordenboek van Daniel Jones, een boek uit 1917, dat we vanzelfsprekend allemaal thuis op de plank hebben staan.

De essentie van het Angelsaksische?

Taal?

De dichteres lijkt me eerder op het uitspreken van het onuitspreekbare aan te sturen. Mijn tong struikelt in elke geval fix en flux over die tweede strofe met de vele iksen, zelfs al is Christine D'haen zo vriendelijk er voor het rijm het stopwoordje 'ja' tussen te plakken.

Strottenhoofd, keelholte, mondholte, ja
verhemelte, huig, hoera
borstkas, middenrif, rib en ruggengraat

– om het rechtstreeks zó op te schrijven, dat leek haar niet indrukwekkend genoeg. Ook in haar andere grafgedichten (neniën, wat anders) draaft ze door als een dichterlijke hengst –

Voor Agamemnon en Marat 't lustrale nat,
waarin zij stegen als een stier de arena op

– ga fietsen, kind, met je lustrale nat.

We komen in dit grafgedicht voor Marijn de Jong nog wel even een grappige juxtapositie tegen met het prozaïsche *Letters to the Editor*, een vage echo van Christine D'haens vermogen om magische taal met gewaagde aardsheid te mengen, maar de slotregels

Articuleerend dit object
extatisch artefact

doen er weer alles aan om je irritatie compleet te maken.

Taalgevoel voor een verdwenen taal, stem zonder publieke echo.

DE LEEGTE (4)

Op de zilveren ijsvlakte slaapt de zwaan.
En in haar slaap omhelst zij de ster.

En ze heeft de ster lief zoals ze de leegte liefheeft,
want de leegte liefhebben is zich ontdoen van alles
wat de leegte niet is.

Het landschap is een spiegel die breekt.
De schaduwen zijn lang en dringen diep door in elkaar.

Ogenblikken zonder naam.
Ogenblikken zonder beeld.

En allen die elkaar in deze landschappen herkennen,
kunnen elkaar niet verlaten.

Want volmaaktheid is omstrengeling.
Volmaaktheid is zich ontdoen van alles wat de leegte
niet is.

Claude van de Berge *1945*

Ik zou ze de kost niet willen geven die de eerste regel van dit gedicht

Op de zilveren ijsvlakte slaapt de zwaan

een pracht van een regel vinden. Wondermooi poëtisch. Echt iets voor een echt gedicht. Veel en veel prachtiger dan bijvoorbeeld de regel

Op de vergulde zandwoestijn dommelt de eekhoorn

– je weet wel niet precies hoe iemand zich een slapende zwaan op een ijsvlakte moet voorstellen – rechtop? opzijgevallen? vastgevroren? – maar die combinatie van slaap en zwaan! Dat zilveren!

Zilverenijs! Vlakteslaapt!

Een voordrachtskunstenaar zou er het water van in de mond krijgen.

Het is een poëtische regel zoals velen denken dat een poëtische regel er hoort uit te zien. Er zijn helaas te veel van die regels.

Op het aluminium aanrecht kreunt het konijn

– en ze betekenen allemaal ongeveer hetzelfde, dat wil zeggen niks. Ze geven allemaal één duidelijk signaal af: dit moet poëzie zijn.

Passabel dus.

Ook de tweede regel, waarin de zwaan een ster omhelst, kan er nog nét mee door. Niet omdat omhelzen door zwanen iets typisch poëtisch zou zijn, maar omdat in de slaap nu eenmaal alles kan.

In de slaap kunnen zwanen met sterren uitspoken wat ze willen.

In de slaap kunnen eekhoorns planeten vermalen en konijnen de kont van de zon kussen.

Toch voel je aan dat het in een gedicht als dit een keer mis moet gaan. Dat gebeurt dan ook in de derde regel al.

Daar moet die rare draai worden gemaakt van een zwaan die een ster liefheeft zoals ze de leegte liefheeft, enkel en alleen omdat de dichter met de grootst mogelijke spoed aan zijn vierde regel wil toekomen, de regel waarin het liefhebben van leegte neerkomt op het zich ontdoen van alles wat leegte niet is.

Goeiemorgen!

Je begrijpt dat de dichter stond te trappelen om u die spitsvondigheid in de maag te splitsen. De vierde regel was er duidelijk al voor de eerste, tweede en derde. Er diende alleen nog een toneelstukje te worden opgevoerd om haar in volle glorie te kunnen lanceren.

De op het ijs slapende en ster omhelzende zwaan was maar een decoratieve opmaat tot de finale klap van 's dichters diepzinnigheid.

Dat het de dichter om die diepzinnigheid is begonnen blijkt extra uit het feit dat hij het gedicht er tevreden mee besluit –

Volmaaktheid is zich ontdoen van alles wat de leegte
niet is

– hoeveel poëzie wordt niet door dit soort regels geteisterd? Zulke diepzinnige tournures zijn bijna het uithangbord geworden van neppoëzie.

Het wit liefhebben is het bij elkaar optellen van alles wat zwart niet is. De steen liefhebben is het tot stilstand brengen van alles wat beweging niet is. Een kamer bewonen is het zich inkapselen in naar voren gedraaide achterkanten van vier muren. Lees in plaats van de geoffreerde slotregel

Leegte is zich ontdoen van alles wat de volmaaktheid
niet is

en je ziet dat het geen lor uitmaakt. Het blijft op diepzinnigheid lijken en dat is alles.

In een ander gedicht heeft dezelfde dichter het over

Het vacuüm.
De ruimteloze ruimte

– jawel, de leegteloze leegte, de ademloze adem, de hopeloze hoop, de jijloze jij, de poëzieloze poëzie.

Ik ben allergisch voor zulke zinloze zinnen.

Zodra ik in een gedicht wéér op zo'n holte stuit die bestaat uit de ontkenning van alles wat holtes minder hol maakt besluit ik met lezen op te houden.

Een dichter is geen zweefmolen.

In dit speciale geval las ik het gedicht wel tot en met het einde. Uit plichtsbetrachting. Echt lezen wilde het niet meer worden. Je kijkt het gedicht nog even in, dat is het. Alsof je het niet langer vertrouwt en er alleen van een afstandje naar kan turen.

Het gedicht heeft je de deur gewezen en je inspecteert nog even de voorgevel.

Genoeg om te zien dat ook het resterende deel poëtische humbug was. Het landschap dat een spiegel is die breekt en ogenblikken die zonder naam en zonder beeld zijn. Ogenblikken zonder deurbel.

Dan stoort het ineens ook dat de woorden in dit gedicht te groot zijn. Sterren en leegte. Herkennen en verlaten. Volmaaktheid en omstrengeling.

Het was misschien nog goedgekomen als in de tweede regel de zwaan in haar slaap was doodgevroren.

DE TWINTIG SCHERVEN PASSEN IN ELKAAR...

de twintig scherven passen in elkaar
de wijnkruik lijkt veel ouder nu alsof
een jong gezicht opeens gerimpeld werd
zelfs als ik er een nieuwe buitenlaag
op leg zou aan de binnenkant elk spoor
van lijm dat losraakt mengen met de wijn

wat ik nog niet gemaakt heb is de stop
omdat het toch geen wijnkruik wordt ben ik
geheel vrij in de keus van het motief
geen druiventros geen plukkertje geen god
met ranken om zijn dronken kinderkop
geen delta met een masthout vol klimop
wat ik ga vormen uit mijn beste klei
wat ik glazuren zal naar beste kunnen
wordt weet ik nu mijn vingers buigzaam wachten
op wat zich wendbaar naar mijn duimen richt
hoogstens de strik op een verweerd gezicht
iets dat ook eerst moet springen wil het passen

verbaas je daarom niet wanneer de kist
een onverpakte kruik blijkt te bevatten
het is geen slordigheid geen gril geen list
als je een stukje mist is het aan jou
de pasbaarheid te vinden en aan jou
als jij de delen anders wilt verbinden

Gertrude Starink 1947-2002

Zijn de dichtbundels van de onlangs overleden dichteres Gertrude Starink ten onrechte aan het lezerspubliek voorbijgegaan? Ik vrees van niet. Het verliep met haar poëzie altijd moeizaam.

Ze dook op als dichteres en werd genegeerd, ze verdween achter de horizon en was er opnieuw, een lastig geval waar geen mens raad mee wist. Een hinderlijke baksteen, een los eind prikkeldraad, hoe je het ook noemen wilt.

Ze lag zwaar op de maag en irriteerde, dus deed iedereen maar of ze niet bestond.

Ze wilde te *opzettelijk* mysterieus lijken.

Geen wonderkind, niet te vroeg geboren, geen onbegrepen talent, geen buitenbeentje of dichteres alleen voor fijnproevers, gewoon per ongeluk op papier beland.

Niet oninpasbaar zelfs, hoeveel irritatie dat bij recensenten en literatuurliefhebbers ook mag wekken, nee, in de verkeerde tak van kunst verdwaald geraakt omdat ze haar hadden wijsgemaakt dat ze kon dichten.

Ze debuteerde als hogepriesteres en is buiten gezichtsveld en gehoorsafstand blijven doorzweven. Zou ze ooit hebben beseft dat haar verzen door menselijke wezens moesten worden gelezen?

Ze schreef voor een publiek van virtuele kristalkijkers en transparante estheten. Van haar trouwe lezersschare sloeg geen weegschaal uit.

Zo leek het. Dat was de indruk die aan haar kleefde.

Dat ze eerder met een bezemsteel dan een ganzenveer schreef maakte je ook op uit de hardnekkigheid waarmee ze haar bundels steeds dezelfde titel gaf. In 1980 heette haar bundel *De weg naar Egypte*, met als ondertitel 'Twintig passages 1970-1977'. In 1993 kwam er een bundel *De weg naar Egypte,* met als ondertitel 'Zeventien passages 1977-1985'. En de titel van haar bundel uit 1995 luidde *De weg naar Egypte*, met als ondertitel 'Een passage 1985-1993'. De ondertitels in het jaar 2000 luidden 'Twintig passages 1999' en 'Zeventien passages 1993-1999', maar *De weg naar Egypte* bleef in beide gevallen.

Zoveel passages almaar op weg naar Egypte, vijfenzeventig passages en nooit aangekomen, het is indrukwekkend of je lacht erom.

Pretentieus is het zeker.

Mevrouw Starink schrijft geen gedichten, mevrouw Starink creëert passages. Dus let je er extra op of ze haar reusachtige pretenties waarmaakt. *Een beetje* waarmaakt, 't zou al mooi zijn.

In ruil voor je aandacht stuit je op een ondoordringbare muur. Nergens een passage, overal doodlopende straten.

Bijgaand gedicht, uit een van de series van twintig passages, is nog het bevattelijkst –

de twintig scherven passen in elkaar

– elke passage is een scherf en de lezer moet maar zien hoe hij de stukken in elkaar past. Als Homerus heeft gedut moet de lezer zelf maar 'de pasbaarheid' verzinnen en ook

als jij de delen anders wilt verbinden

is het de dichteres om het even. *Zij* heeft het te druk met haar mysterie. Ze prakkiseert er niet over van haar vlucht naar Egypte (een luchtweg) neer te dalen.

Haar hooghartigheid is zo erg nog niet, het ergste is haar dreun.

Monotonie is voor *elke* dichter een onvergeeflijke fout. De BOEM de BOEM de BOEM de BOEM de BOEM, zo gaan deze regels. Stuk voor stuk. Zelfs 'alsof' en 'ben ik' in regel twee en regel acht lees je met de klemtoon aan het eind, of er een punt achter die regels komt.

De STOP. KinderKOP. KlimOP.

't Is een hobbelweg naar Egypte.

Dat gaat bundels lang zo door, zonder dat je iets duidelijk wordt.

Wie weet zijn haar gedichten geschreven in het academielands. Noem kletskoek hermetisch en er zal zich een literatuuronderzoeker over je ontfermen. Geen literatuuronderzoeker die zich vrijwillig een duistere passage laat ontgaan.

Aan universiteiten is het etiket *hermetisch* of *modernistisch* of *postmodern* bijna een vereiste (*gender*, een buiten de academiemuren geheel onbekend artikel, is ook nog zeer gewild). Plak het etiket er vooral goed zichtbaar op. Literatuurstudenten, zelfs als ze enthousiast zijn begonnen – zélf een beetje dichter – worden binnen de kortste keren bijziend en raken in de war als er meer wegen dan één naar het uiteindelijke licht leiden.

Getrude Starink heeft een etiket van loden ernst op haar passages geplakt. Gek voor iemand van wie verder alleen bekend is dat ze een boek van Sterne heeft vertaald, een van de springerigste schrijvers ter wereld.

HAYDN IN IERLAND

(trio in E, H.XV nr. 28)

Vlucht, muze die parelend zucht, in merriehalzen bijt,
vuurvliegjes stampt uit hoeven, grote terts van erts.
De drijfjacht scharminkelt kijkdoosklein door dreven,
het bochtenwerk vergt rimpelbuisobstakelbeveiligers:
greppels brekebeense pizzicatosprongen stremmend.

Geen engel, knipselzwarte mol met roze clownsklauwtjes
een gangmaker in onderwerelds smeulend veen.
Grijs vuur wordt wit verteerd. Zijn graven spiegelt
wohltemperiert wandelen van fuga's door de hemel,
innig als minnekozen voor de duizend en eerste keer.

Herfstig de nadagen der verlichting. Lekkage van geluk
bij lage zon verlangt niets dan aarde, ros doorgloeid
erfstuk waar je regensoep in kookt. Als bleekblauwste
lucht zo breekbaar dit vliesdun servies in de porselein-
kast van je hoofd: schoonste scherven na het sterven.

Anneke Brassinga 1948

Bij zekere gelegenheid, ik weet bij god niet meer welke, hoorde ik Anneke Brassinga in waarderende zin spreken over 'fijnzinnige poëzie'. Daar schrok ik toch even van.

Sinds wanneer is fijnzinnigheid een criterium in de poëzie?

Lawaai, grofheid, vuur, de schok en het sublieme, alles is welkom, maar verlos ons van de fijnzinnigheid.

Wat moet ik me voorstellen bij fijnzinnige poëzie? De poëzie van een deftige jongeheer of een welopgevoede bakvis, neem ik aan. De vaerzen van jongens en meisjes die aan naaldwerk doen en Proust in het Frans lezen en die nooit dobbelen of winden laten.

Damespoëzie. Poëzie van gouden brilletje, polsmof, poedel.

Fijnzinnigheid, het lijkt me iets voor de betere standen. Het staat voor alles waar ik geen deel aan heb of mag hebben.

Misschien moet ik me wenden tot het werk van Anneke Brassinga om het raadsel van de fijnzinnigheid te doorgronden. Waardoor kenmerken zich haar gedichten? Door het gebruik van woorden als hapschaar, hompje, handjesgras, nornenknot, strubbelingsparels, inktvlekviooltje, smoorkolk, zonsravage, regensoep, eilaas en talewalende. Door versregels als

o oude boterham die ik rooster

en

luchtziek zie ik de kastanjes eeuwig ruisen

– en door deksels poëtische wendingen, her en der over de pagina gestrooid, als 'een dag om eieren te leggen', 'zuiveringszout maakt de voeten gezond', 'het kraantje aan je mansbuik' en 'almaar inniger, als soep uit eigen blik'.

Zie in bijgaand gedicht ook de brekebeense pizzicatosprongen en de drijfjacht die kijkdoosklein scharminkelt.

Om niet te spreken van de rimpelbuisenzovoorts en de lekkage van geluk.

Zou een inlegkruisje helpen?

Allemaal hoogst fijnzinnig.

Waar wij, arme stervelingen, ons moeten behelpen met genot, melodieus, het lessen van de dorst, chaos, boos, poen en rood, daar gebruikt Anneke Brassinga de woorden geneugten, zoetgevooisd, lafenis, baaierd, vergramd, pecunia en ros.

Men zou eens voor onfijnzinnig doorgaan.

Bovendien moeten er veel namen worden genoemd en dient de tekst copieus met citaten te worden doorspikkeld (ik begin al te Brassingaën). Citaten van Rilke, Leopold en Nietzsche. Van Haydn en Stendhal. Een beetje fijnzinnige dame kent de grenzen van haar intelligentie niet.

Cees Buddingh' en De Schoolmeester die ze ook citeert worden in de verantwoording niet vermeld. Niet fijnzinnig genoeg.

Naast veel literaire citaten en krom oud-Hollands in de trant van de Gecroonde Crakelingh dienen er – want niets mag gewoontjes zijn – om de haverklap woordspelingen en binnenrijmen in de gedichten voor te komen. Vlucht-zucht, terts-erts, clownsklauwtjes, vlies-servies en scherven-sterven, om me tot bijgaand product te beperken.

Zoveel fijnzinnigheid leidt tot onvergetelijke resultaten –

De boezem, Boris, is het vlaggeschip

van vrouwelijke charme: kom boor uw neus in mijne zeilen
die nooit gestreken zijn en gorgel ferm als parlevinker,
want elke theepot dicht na 't barsten zelf haar kieren
met hete verse thee

– hoera! Zoveel fijnzinnigheid maakt kriegel, dat staat vast. Er is bij dit soort dames ook altijd sprake van een krampachtige poging tot ironie à la Fritzi Harmsen van Beek, alleen deed Fritzi Harmsen van Beek het beter.

Deze Fritzi-klonen onder aanvoering van Anneke Brassinga zijn de nieuwe *précieuses ridicules*, om ook eens een ouwe Fransman te citeren. Ze zijn in elk geval zowel precieus als ridicuul.

Anneke Brassinga praat niet, ze doet aan dictie; ze wandelt en eet niet, ze schrijdt en consumeert; ze dicht niet, ze olliebeebommelt; ze schrijft geen poëzie, ze pepert je onophoudelijk in dat ze literair is, dat wil zeggen fijnzinnig.

Ze heeft er natuurlijk de VSB-poëzieprijs voor gekregen (als ze die niet wint, zit ze in de jury). De hoogste Nederlandse onderscheiding voor subsidiabele fijnzinnigheid.

Haar poëzie maakt een volstrekt vormeloze indruk, vooral door die drang alles altijd anders te zeggen. 'Bij het vozen van rots en regenboog.' Het is geen muziek of taaldronkenheid, het is de verbale fijnslijperij en o zo fijnzinnige bekaktheid van iemand die geen normaal woord uit haar strot kan krijgen, omdat ze anders te gewoontjes zou lijken en te onhulpbehoevend –

Inkerig de zelfspijziging der kruisgaand gebukte
buiksloof die op blote voetangels trilling leest

– brekebeense pizzicatosprongen waar sommigen nooit genoeg van krijgen. Ik krijg er uitslag van.

Over 'prikkebeens jagen' heeft ze het ook nog. Jagen met een netje zonder bodem, zal ze bedoelen.

Naar de hel met de fijnzinnigheid!

OP DE RECHTE PLAATS

Het luchten het treffen
het breken het stelen
het vasthouden opvreten
het winnen het schenken

erin dragen wie achterbleven
de weg naar het hare
het laten uitgaan, maar wie krijgt het
erop trappen, alsof het niets was

met heel mijn *tuut*
de vrouw van je *biep*
een pak van mijn *zap*

Waar het pompend van vol is
en wat er dan overloopt

zalig de reinen

tijd om het open te leggen

Dirk van Bastelaere 1960

Dirk van Bastelaere zei over poëzie af en toe iets verstandigs, al had hij het nooit van zichzelf.

Maar Dirk van Bastelaere is op hol geslagen.

In een boek dat *Wwwhhoooosshhh* heet, met als ondertitel *Over poëzie en haar wereldse inbedding*, bundelde hij een keuze uit zijn essays en artikelen over poëzie. In dat boek wordt royaal getheoretiseerd. Lacan en Adorno en Foucault en Bourdieu buitelen over de pagina. Dirk van Bastelaere doet zijn best met de jongens mee te spelen.

Je zou hopen dat *Wwwhhoooosshhh* (op de omslag staat een

o'tje minder dan op de titelpagina) een relativerend geluid maakte bij zo veel zwaarwichtigheid, maar ik vrees dat zelfs achter de titel niets gezocht moet worden.

Dirk van Bastelaere is lineair en eenduidig en bloedserieus en, wat erger is, hij meent het.

Ook als hij mensen toespreekt houdt Dirk van Bastelaere zijn gezicht in de plooi.

'Mijn stelling in *Stay back, please* is dat je als dichter in elk gedicht opnieuw uiting geeft aan je verlangen naar het fenomenale Ding van de Poëzie (in zekere zin een onmogelijke, zwarte steen in het Mekka van het Zijn), dat alle gedichten overbodig zou maken, terwijl je ook altijd weer de afstand bewaart.'

'Als we teksten analyseren doen we dat eigenlijk aan de hand van een doctrine, die altijd in meerdere of mindere mate impliciet is. Probleem daarmee is dat het een louter technische omgang met de tekst is, waarin impliciet een goedkeuring van de bestaande productievoorwaarden van die tekst zit vervat.'

Dat zijn geen citaten uit een essay, dat zijn citaten uit een ongeredigeerd interview.

Zo praat Dirk van Bastelaere als hij tegenover mensen zit en zo praat Dirk van Bastelaere als de mensen allang op de vlucht zijn geslagen.

Nog nooit is de kunst bezweken aan een theorie, maar een kunstenaar kan er wel aan ten onder gaan.

Dirk van Bastelaere, de poëzietheoreticus, was aanvankelijk zelf dichter.

We komen in *Wwwhhoooosshhh* een man tegen voor wie theoretische schermutselingen nooit een spel mogen zijn en die steeds verder afglijdt naar het dogmatische. Er bestaat voor hem maar één theorie. Elk gedicht dat met die ene theorie niet strookt is een verdoemd gedicht. Het gedachte-experiment – de rechtvaardiging van het essay – werd bij Dirk van Bastelaere verstarring.

Voor je eigen poëzie moet zoiets de dood in de pot zijn.

Als de dichter precies weet wat hij wil ontkomt de lezer er niet aan te controleren of zijn gedichten wel voldoen aan de voorschriften. Dat is fataal voor het leesplezier. Bastelaerioten hebben zich daaruit gered door het begrip 'leesplezier' bij voorbaat taboe te verklaren.

De laatste bundel van Dirk van Bastelaere, *Hartswedervaren*, is een laboratoriumbundel geworden. De dichter draait de poëzie nog nét niet de nek om, maar het begint er op te lijken. Er staan teksten in die er om smeken in een academische werkgroep geconsacreerd en cum laude langs de ideologische meetlat gelegd te worden.

Hartswedervaren, waaruit het gedicht *Op de rechte plaats* stamt, is van het eerste tot en met het laatste woord een programmatische bundel. In de titel en in elk gedicht ligt besloten: het hart – 'die lege betekenaar' – is een begrip waarbij de dichter als strateeg en verkeersagent optreedt, want een begrip is altijd 'een kruispunt van problemen'.

'In mijn gebruik van concepten volg ik Deleuze en Guattari,' merkt Dirk van Bastelaere geruststellend op.

Het luchten het treffen
het breken het stelen

– het zijn, kijk toch eens aan, allemaal dingen die je met een hart kunt doen.

'Tijdens het schrijven komen woorden en concepten in steeds andere zinnen in steeds andere contexten terecht en zo onderzoek je, essayerend, wat ze betekenen.' Van Bastelaere weer.

Het lijkt me een omslachtige manier om te schetsen wat dichters al duizenden jaren gewoon *doen*. Arme drommels die niet beseften dat ze essayerend aan het onderzoeken waren.

In een ander gedicht creëert Dirk van Bastelaere een compleet hartenalfabet, waaruit ik een paar regels van de i, j en k citeer –

inversiehart, impassehart,
jereddinghart, justdoithart,
jeweetwelhart, jekuntemhart,

komediehart, karbonkelhart,
kirghiezenhart, kanonnenhart

– enfin, regels met een aangenaam lege volheid, al houd ik mijn hart vast bij de gedachte aan de grote buitenlandse geest aan wie hij ditmaal het idee heeft ontleend.

Ik moet toegeven dat ik het *tuut*, *biep*, *zap* op de plekken waar *hart* moest staan redelijk komisch vind, vooral voor een schrijver uit wiens theoretisch proza alle humor lijkt weggehoond.

Het hart wordt in de bundel gefragmenteerd en daarmee opgebouwd, omsingelingen dienen om het hartewezen 'open te leggen'.

Alles theoretisch correct, uiteraard.

Als poëzie voor Dirk van Bastelaere één ding juist *niet* is, dan is dat een zaak van het hart.

Begrippen als troost en weemoed en muzikaliteit beschouwt *hij* immers weer als 'bla bla bla'. In feite vertelt Dirk van Bastelaere op een uiterst luchtbelachtige en uiterst pedante manier weinig nieuws.

Zijn onverdraagzaamheid maakte hem zó bloedeloos dat hij, in een laatste wanhoopspoging, zijn toevlucht nam tot een titel als *Wwwhhoooosshhh*. Hij legt niet de prachtige onverdraagzaamheid aan de dag die hoort bij de poëzie, de compromisloosheid tegenover je eigen talent. Bij hem is het de betweterij van het zich vastbijten in regels en in door autoriteiten aangeleverde structuren.

LEEGTE

Zwarte leegte
koude eenzaamheid
tranen van ijs vallen op een gebroken hart
Een beving, een rilling
een windvlaag door mijn kille lichaam

Starend in het niets
snakt mijn ziel naar adem
gevangen voel ik mij
Geketend in de boeien van het alleen zijn
kruip ik diep in mijn schulp

Tijdloos en kleurloos
een gapend gat is mijn gemis
smachtend verlang ik
Naar de draad die mij zal hechten
in de hoop om eens weer heel te zijn

Een internetdichter(es)

’t Is misschien onrechtvaardig zomaar een goedbedoeld gedicht van het internet te plukken, terwijl dit soort poëzieloze poëzie net zo goed in publieke bundels woekert. Maar bij een algemeen probleem past een anoniem voorbeeld.

Het probleem is het vrije vers. Een vrij vers betekent niet dat de dichter aan niets is gebonden. Het vrije vers kent alleen *andere* vormen dan de vorm van eindrijm met een ongeveer gelijk aantal lettergrepen per regel.

Misschien ontstond het vrije vers ooit uit verzet tegen te mechanische rijmelarij en te strakke lettergrepentellerij, maar in de moderne poëzie is het rijmende, solide ogende gedicht gewoon een variant van het vrije vers geworden. Structuur blijft de ziel van het gedicht. Alleen komt die structuur nu op meer manieren tot uiting dan vroeger denkbaar en realiseerbaar was.

Elk vrij vers blijft uiteindelijk een gebonden vers – door klankwisselingen, metrische verrassingen of binnenrijmen.

Daarnaast is er een speciaal soort vrij vers ontstaan, poëzie die alleen *lijkt* op poëzie en die voor de leek moeilijk valt te ontmaskeren omdat de vrijheid zoveel meer vormen kent dan de beperking.

't Is oneindig veel makkelijker voor een literaire charlatan een non-gedicht op een vrij vers te laten lijken dan het voor een valsemunter is een bankbiljet te laten lijken op een echt.

Valse poëzie wordt in grote hoeveelheden aangemaakt.

In stukken geknipte mededelingen die de plaats zijn gaan innemen van ontboezemingen. Uitgesmeerd proza dat een vervanging is gaan vormen van mededelingen in telegramstijl.

In de achttiende en negentiende eeuw kwam je in de poëzie talloze ontboezemingen en klachten tegen, maar welke poëtische vernieuwer of hemelbestormer aan het begin van de twintigste eeuw had ooit kunnen voorspellen dat het vrije vers zou worden misbruikt voor zoveel lief-dagboekachtige snikken?

Valsemunters in de poëzie zijn legio.

Waartoe dienen de vermommingen van het vrije vers allemaal niet?

Voor bespiegelingen die je vroeger tegenkwam op de scheurkalender. Voor mededelingen die ooit op ludieke wijze het prikbord sierden. Voor wijsheden, al dan niet verpakt in een anekdote.

Een grappige vergelijking, een spreekwoordelijke inval, klaar is Kees.

In veel vrije poëzie lijkt het kwijnende genre van het aforisme, of zomaar de diepere gedachte, aan een opleving te zijn begonnen.

Onuitroeibaar is het misverstand dat een spreekwoordelijke formulering of een doorvoeld verdriet wel iets met poëzie te maken zullen hebben.

Vaak is de formulering ook nog maar zo-zo, de gedachte niet al te diep en het verdriet vrij banaal.

Het vrije vers biedt de mogelijkheid materiaal dat te kort is voor een brief of een verhaaltje snel en overzichtelijk te presenteren.

Dat maakt er nog geen poëzie van. De vrije vorm leidt de mensen om de tuin.

Hoeveel lezers zullen niet bereid zijn bijgaande regels voor poëzie aan te zien? Voor slechte poëzie misschien, maar toch.

Men stoort zich wellicht aan nietszeggende woorden als eenzaamheid en gebroken hart (zelfs in bijzondere woorden schept deze aspirant-dichter geen plezier), maar het zal voor velen een gedicht blijven. Zelfs lezers die niet in de val trappen dat hartenkreten als vanzelf poëzie opleveren, zullen zich laten misleiden door de vorm. Met het vrije vers kun je de meesten makkelijk foppen.

Dit soort vrije verzen zijn een plaag. Het simpelste kinderrijmpje bezit meer structuur.

Een gedicht is effectbejag, gebaseerd op structuur, niet op het hart.

Op de markt van het vrije vers zijn meer oplichters actief dan je zou vermoeden. Dichters van naam en faam bevinden zich onder hen. Ik besef dat wijzen op misbruik van poëzie iets is als wijzen op misbruik van slagroomtaart – wie er niet van eet heeft er ook geen last van. Niettemin, het vrije vers blijkt nóg geschikter voor lulkoek dan het gebonden vers.

Leegte is als voorbeeld nogal evident. Bedriegelijker wordt namaakpoëzie als het om sympathieke gedachten gaat en amusante observaties.

Gevoelsuitstortingen herken je sneller als fake dan de relativerende mijmering of de aforistische uitsmijter.

Leegte komt uit een gedichtenreservoir op het web, geordend naar thema. Van de tientallen categorieën waaronder de liefhebber kan inzenden scoren *eenzaamheid* en *overlijden* het hoogst.

Op de *haiku* na dan, de eeuwige kampioen.

Niets nieuws onder de zon dus. Nieuw is de epidemie van de luchtige krabbel en de particuliere overpeinzing die met enkele woorden per regel tegelijk op het papier lijken geworpen.

Steeds meer mensen met een vlotte pen proberen hun tekst als poëzie te slijten.

Twee tests bestaan er om imitaties van echt te onderscheiden. De eerste: verknip de tekst tot losse regels en laat die regels één voor één vertalen. De vertaler heeft geen weet van de volgorde en toch zullen bij een vervalsing de vertaalde regels, in de oude volgorde aaneengelijmd, precies hetzelfde gedicht opleveren. De tweede test: lees de regels gewoon als proza achter elkaar.

Zwarte leegte, koude eenzaamheid – tranen van ijs vallen op een gebroken hart. Een beving, een rilling, een windvlaag door mijn kille lichaam: starend in het niets snakt mijn ziel naar adem. Gevangen voel ik mij. Geketend in de boeien van het alleen zijn kruip ik diep in mijn schulp. Tijdloos en kleurloos – een gapend gat – is mijn gemis. Smachtend verlang ik naar de draad die mij zal hechten, in de hoop om eens weer heel te zijn.

De lust tot poëzie vergaat je.

LEVENDE DICHTERS

BLUES ON TUESDAY

Geen geld.
Geen vuur.
Geen speed.

Geen krant.
Geen wonder.
Geen weed.
Geen brood.
Geen tijd.
Geen weet.

Geen klote.
Geen donder.
Geen reet.

Jules Deelder 1944

Definities van poëzie lijden vaak schipbreuk. Wie meent dat een goed gedicht moet troosten zal snel op een beter gedicht stoten dat hem alle troost ontneemt. Wie bij hoog en laag zweert dat een gedicht ons de edelste essentie dient voor te toveren zal eenvoudig een gedicht kunnen vinden dat subliem werkt door zijn platheid.

Zelfs bij een bloedserieus onderwerp als de dood kunnen we op dichters geen staat maken. Poëzie is vrij en waaiert alle kanten uit. We komen de aangrijpende kreet tegen van Constantijn Huygens bij de dood van zijn Sterre –

Droom ik, en is het nacht, of ís mijn Ster verdwenen?
Ik waak, en 't is hoog dag, en zie mijn Sterre niet

– en we komen de laconieke conclusie tegen van Bart Chabot, in een gedicht over zijn moeder die alweer een paar jaar dood blijkt –

maar
we hebben d'r
op video

– enfin, groter uitersten bestaan wel niet. Poëzie ontsnapt aan elke indeling tussen hoog en laag, tussen zin en onzin, tussen balsem en doodschop.

Je hebt dichters als Faverey en Ouwens die het nogal voorspelbare onderzoeksnummer van volgzame studenten zijn geworden en dichters als Rawie en Deelder die met tinkelende ogen worden gereciteerd door slagersjongens op de fiets.

Het is ook mogelijk Faverey te beschouwen als een onderschatte humorist en Rawie als een schepper van structuren, rijp voor de wetenschap.

Minnaars van het Sterre-gedicht van Huygens kunnen Chabot een gebrek aan ernst verwijten, Chabot-fans zullen bij Huygens een antenne voor sarcasme missen – dat ze beiden een geslaagd gedicht hebben geschreven zal geen lezer ontkennen.

Is het wel nodig poëzie te definiëren?

De beste benadering is misschien een onophoudelijk groeiende verwondering over wat allemaal onder de noemer poëzie kan vallen. Er bestaan schemergebieden, overgangen, contrasten, extremen die elkaar raken, net als bij de regenboog of de cirkel, en al deze facetten maken deel uit van een voortvluchtige, ons ontsnappende definitie.

Nét als we een beetje denken te begrijpen waar het om gaat in de poëzie komt er een gedicht om de hoek kijken dat ons begrip op losse schroeven zet.

Ik weet zeker dat er een definitie moet bestaan van poëzie, maar ik weet ook zeker dat die definitie morgen zal worden uitgevonden.

Intussen zal de neiging om een poëziedefinitie eerder op te hangen aan de inhoud of de strekking dan aan de klanken wel onuitroeibaar blijven. Dat een dichtregel troost of opwindt zal je met groter regelmaat blijven vernemen dan dat een dichtregel het effect sorteert van een zeurende viool of een dubbele paukenslag.

Toch zal het hoofdbestanddeel van een toekomstige poëziedefinitie, denk ik, luiden dat de inhoud van een gedicht volstrekt onbelangrijk is.

Betekenis is een bijkomstigheid.

Misschien dat er in zo'n definitie nog een hoekje overblijft voor beelden en ideeën. Als een zusterlijke hommage aan de kunst en de filosofie.

Poëzie kan het ook zonder diepe gedachten stellen.

Ontkenning van ideeën, ontkenning van elementaire behoeften, ontkenning van abstracties, ontkenning van drijfveren, ontkenning van exacte voorwerpen, dat alles zit in het gedicht van Jules Deelder. In de slotregels

Geen klote.
Geen donder.
Geen reet

horen we zelfs de ontkenning van de ontkenning. Door het smalle aanzien, twee woorden per regel, lijkt de poëzie zelf ontkend te worden.

Van de dichter is weinig overgebleven.

Er zijn allerlei poëzieopvattingen in omloop en ik moet me sterk vergissen of een gedicht als dit past niet binnen één van die opvattingen. Wie al een poëziedefinitie hanteert zal die definitie niet kunnen rijmen met deze twaalf regels van negatie.

De handboeken dienen herschreven te worden.

Dit ritmisch gebonk moet een gedicht betekenen?

Het is zelfs een bijzonder gedicht.

Er wordt niet aan zingeving of hogere samenhang gedaan, er wordt niets in beweging gebracht ('geen speed'), er heerst geen maatschappelijke betrokkenheid, de raadsels blijven uit, er is gewoon niks.

Parmantig dringt zich in elke regel het woordje *geen* naar voren.

Toch gaat het om een specifiek individu, een specifiek gemis, een specifieke stemming ('blues') en een specifieke dag.

De wereld is in elkaar gestort en het gedicht kan niet strakker.

We krijgen het achteloos en zonder dat we er erg in hebben toegeworpen. *Blues on Tuesday* is een pleidooi voor de vrijheid van de dichter.

SUIKERBIETEN

We zaten in het café en dronken koffie,
sloegen traag de pagina's van de krant om,
want belangrijker dan het wereldnieuws was
wat we elkaar hadden te vertellen.

Plotseling gebeurde het: iemand zei een woord,
het woord suikerbieten. Hoe hij erop kwam?
Er zijn altijd woorden die uit de diepte
naar boven komen, onverwacht, lachwekkend soms,

woorden die een beeld oproepen van het altijd
natte najaar, bij voorbeeld, waarin ik,
terwijl het gesprek al ergens anders over ging,
jou zag, genageld aan een kruis van klei.

Raar beeld. Wat moet je ermee? Maar beelden
roepen woorden op, of een ochtend
aan de leestafel van een café, een suikerklont
die oplost in een kopje espresso.

Rien Vroegindeweij *1944*

Dit gedicht behoort tot een apart genre in de poëzie: de gedichten waarin alledaagse voorvallen of alledaagse voorwerpen leiden tot een hogere bespiegeling. De fietstocht en de fluitketel leggen de essentie bloot van de eenzaamheid en het huwelijk. Het begint met een tafelpoot en het eindigt met de tijdgeest.

Soms beperkt de dichter zich tot een tergend doorzeuren over het banale ding zelf, en moeten we er de achterliggende betekenis maar bij bedenken.

Dat zijn de hoogtepunten van het genre.

Bijgaand gedicht draait bovendien nog om een ondichterlijk geacht woord. Suikerbieten.

Iets heel anders dan azuren uitspansel of ritsel-wenende maanflambouw (ik heb het echt zien staan!).

Soms lijkt een dichter de poëtische wetten uit te dagen door een woord te willen binnensmokkelen uit een andere wereld, niet zomaar een gek woord of een woord dat een beetje onbenullig klinkt, nee, een woord dat nuchterder klinkt dan de nuchterste poëzie lijkt te kunnen verdragen.

Papendrecht, mattenklopper.

Bommel, aspirine.

Suikerbiet.

Goedkoper dan de aardappel, plomper dan de knol.

Misschien wil de dichter met zijn smokkelwaar bewijzen dat er geen ondichterlijke woorden bestaan. Misschien verzet hij zich tegen een al te esthetische poëzie. Maar het interessantste wat hij voor mij bewijst, mits hij zijn suikerbieten overtuigend inbouwt, is dat er niet zoiets bestaat als een dichterlijke wereld en een ondichterlijke wereld die van elkaar gescheiden zouden zijn.

We zaten in het café en dronken koffie

– gewoner kan een gedicht niet beginnen. De suikerbieten worden hier overtuigend genoeg ingebouwd. Niet door het gedicht gewoontjes te houden, maar door theater, suspense, een paukenslag.

Plotseling gebeurde het

– wat gebeurt er? Verschijnt er een engel aan de hemel? Gaat het donderen en bliksemen? Ontploft de wereld met al de nieuwsberichten erbij?

Nee, iemand zegt iets.

Iemand zegt het woord suikerbieten.

Daar kijk je dus zo van op dat je er niet meer van opkijkt.

Genoeg redenen om sympathie te koesteren voor dit gedicht. Toch bevredigt het niet helemaal. De dichter legt me te veel uit. Daarmee bedoel ik niet de zinnen

Er zijn altijd woorden die uit de diepte
naar boven komen, onverwacht, lachwekkend soms

– want dat is op zich een acceptabele observatie, een constatering die in de poëzie niet vaak genoeg herhaald kan worden. Ik bedoel het uitleggerige van

Raar beeld. Wat moet je ermee?

Het is aan de lezer om het beeld als raar te ervaren. Het is aan de lezer om uit te maken wat hij of zij ermee moet.

Hier gaat de dichter met de eer strijken en wordt ons de mogelijkheid tot deelname uit handen geslagen.

Wat zou een lezer zich nog verwonderen als de dichter ons de verwondering zo voorkauwt?

Iedere dichter manipuleert de lezer. Maar hij doet het pas goed als de lezer paf staat van zijn eigen oriëntatievermogen.

Zelfs zonder het al te intensief te lezen mis ik de logica in dit gedicht. Ik lijk waarachtig Droogstoppel wel. Maar ik bedoel met logica niet dat het in een gedicht om drie uur niet zonnig mag zijn als het om vier uur guur is, of wat Droogstoppel ook alweer voor ogen stond, ik bedoel dat de dichter – deze speciale dichter – na zijn in de horeca gesitueerde openingszin en na zijn suikerbieten niet ineens een beroep moet doen op sluimerende buitenaardse vermogens in ons.

Vermogens om knopen te ontwarren die niet als knopen zijn bedoeld.

Ik begrijp dat in dit gedicht het woord tot het beeld leidt en dat beelden weer woorden oproepen. Dat de cirkel eeuwig rondgaat, zo te zeggen. De cyclus van koffie, suikerbiet en een in espresso oplossende suikerklont duidt daarop.

Maar zoals de dichter bij 'raar beeld' te weinig overliet aan mijn verbeelding, zo doet hij aan het slot een te groot beroep op mijn begrip. Hoe moet ik de laatste drie regels lezen? Roepen beelden woorden op, *of* een ochtend? Of roepen beelden woorden op *zoals* een ochtend een suikerklont? Of roepen beelden een ochtend *en* een suikerklont tegelijk op?

Het raadsel of deze zinnen onderschikkend zijn of nevenschikkend of onderstebovenschikkend lijkt me geen bedoeld raadsel. Ik kan hier maar twee kanten op. Of ik ben te dom voor poëzie, wat heel goed mogelijk is, of er moest in dit gedicht te veel worden geknutseld, wat waarschijnlijker is.

ASIELZOEKERS

We waren ver van huis.
Loop wat door, zei je zachtjes,
kijk niet zo achterom,
het zit ons niet op de hielen.

Maar wat zijn dat dan voor stemmen,
vroeg ik, en wat flikkert daarginds,
dat zijn toch tekenen
die niet bedriegen?

Het komt niet deze kant op, zei je,
dit is het goede pad en verder
hebben we toch altijd onze papieren?

We glimlachten naar elkaar,
verontschuldigend, geruststellend,
klappertandend van doodsangst.

Koos Geerds 1948

Dit is een miniatuurtje, een situatieschets in vereenvoudigde sonnetvorm. Al het weelderige en lyrische dat aan sonnetten kleeft is weggelaten. Van een eerste sonnetregel van Willem Kloos –

Ik zal mooi dood-gaan, als een vlammend vuur

tot de eerste regel van Geerds hier –

We waren ver van huis

is er duidelijk een eeuw verstreken. Het leven is kaal geworden, de nood is hoog. De nerveuze 'ik' van Geerds is niet langer een hoogst-individuele decadent, hij staat voor ons aller ik, voor de opgejaagde, thuisloze en uit het paradijs verdreven twintigste- en eenentwintigste-eeuwer.

Ik weet niet waarom het woord 'paradijs' bij me opkomt. Op een of andere manier doet het gedicht me denken aan een prent met Adam en Eva.

Geerds suggereert weliswaar de intimiteit van een op elkaar aangewezen koppeltje, maar verder komt er niets in het gedicht voor dat mijn associatie met het paradijs zou kunnen bevestigen. Of het moest de bijbels *angehauchte* uitdrukking 'het goede pad' zijn.

Hoe dan ook, hier verkeren twee mensen niet langer in hun vertrouwde omgeving en hier zijn twee mensen onzeker over wat ze te wachten staat.

Asielzoekers, zoals de titel zegt.

Met niemand zouden we ons zo makkelijk moeten kunnen identificeren als met de asielzoeker. Ons publiekje van nu stáát erop zich te identificeren met het slachtoffer, met de huilebalk, met de winnaar, met de vrolijke Frans – het doet er niet toe, als er maar geïdentificeerd kan worden.

Waarom lijkt het dan ineens zo godsonmogelijk zich in te leven in een asielzoeker? Misschien omdat asielzoekers het publiekje van nu te zeer confronteren met het eigen, diep weggemoffelde besef ontheemd te zijn.

Aan alles wil het publiek herinnerd worden, aan pijn en tranen, aan sadisme en gebrul, maar niet aan de eigen misplaatstheid.

Daarom is het publiekje legaal en de asielzoeker illegaal.

Hoe kan een mens illegaal zijn?

Illegaliteit wordt bepaald door grenzen, ooit door toevallige ambtenaren getrokken, en door paspoorten, via gezichtloze bureaucraten verdeeld. God of de eeuwigheid komen er niet aan te pas. Met de schepping wordt duidelijk een loopje genomen.

Wat betekent illegaliteit behalve de willekeur van een politiek samenraapsel?

Asielzoekers zijn de producten van volk, vlag en vaderland en dus al even fictief.

De ware angst van het publiek geldt de asielzoeker *in* de asielzoeker, de man of vrouw die zich moet afvragen – en 't doorgaans vertikt zich dat af te vragen – met welk recht hij of zij op de wereld kwam en waar hij of zij in de toekomst zal belanden.

Wieg en grafkuil kennen geen vergunningen.

Dat Koos Geerds geen traditionele asielzoekers op het oog heeft, slachtoffers van vreemdelingenhaat en gemakkelijke treiterobjecten, blijkt uit het feit dat ze in dit gedicht over hun 'papieren' beschikken, over de almachtige papieren waarop ze een beroep kunnen doen in elke ongemakkelijke situatie –

kijk niet zo achterom,
het zit ons niet op de hielen

– wat is *hun* ongemakkelijke situatie dan precies? Het tweetal hoort stemmen en in de verte flikkert iets – wat duidt op vijandelijk overleg, gevaar, wraak. Op een samenzwering, een dolksteek.

Alles komt uiteindelijk neer op de interpretatie van het woordje 'het'.

Wát zit het paar hier op de hielen?

Ze maken zichzelf en elkaar iets wijs, terwijl het toch een dodelijke dreiging betreft. Dat staat er. Is de dreiging schijn? Of beseffen ze wel degelijk dat hun glimlach vergeefs is? Vervolgen ze hun tocht met de moed der wanhoop? Of wordt hier, voor de zoveelste maal, geleden onder het lijden dat men vreest maar dat niet op komt dagen?

Die en meer van zulke vragen kunnen we ons stellen.

De kaalheid beslist in dit gedicht. De dichter bakt geen zoete broodjes. Zijn gedicht zou je multitoepasbaar kunnen noemen, maar niet dubbelzinnig. Symbolisch maar geen grabbelton.

Wat het paar op de hielen zit is de dood. De asielzoekers zijn wij, de mensen, de mens. Naar onze papieren wordt niet gevraagd, het rechte pad zal ons weinig helpen.

Asielzoekers is een gedicht over 'ons aller levenssituatie', zoals dat zo snoezig heet. Waar het vooral over gaat is de angst voor het niets, en waar maar weinig sprake van is, dat is de hoop.

Hoop tegen beter weten in is er wel, zeker. Toch vertelt de dichter ons niets over de afloop. De doodsangst lijkt een permanente situatie.

Hoewel we dus allemaal asielzoekers zijn en het vluchtelingschap het weefsel vormt van elke existentie, zou het toch geen gek idee zijn dit gedicht voor een speciale groep in te lijsten en verplicht op te hangen in alle Haagse fractiekamers.

MIMESIS

Ergens in een ander huis zit iemand
net als ik, schrijvend tegen mij,
zoals ik schrijf aan zijn gedicht.
Ik ken hem niet, alleen de razernij

die ons gelijkmaakt, ik of hij,
alleen de dwang, de afgunst en de schrik
de regel te verraden die hem schikt.
Er kan er maar één de sterkste zijn.

Altijd en overal hijgt de score,
in elke krant, elke zaal, elke blik:
God stukgevallen in duizend goden,
en allen zo machtig als ik.

Charles Ducal *1952*

Als je een mens tegenkomt heb je, voor je hem of haar leert kennen, altijd al een eerste indruk. Door gezicht, blik, gebaren. Die indruk kan achteraf onjuist blijken, maar een indruk héb je.

Ook met gedichten gaat het zo.

De eerste kennismaking roept meteen al iets op. Sympathie, antipathie. Je overziet het geheel met één oogopslag, er worden associaties gewekt. Die associaties kunnen achteraf onterecht zijn, of blijken meer met jezelf te maken te hebben dan met het gedicht, maar je ontkomt er niet aan.

Het is vaak ook spannend te merken dat een gedicht bij zorgvuldige lezing, regel voor regel, iets totaal anders behelst dan je had gedacht.

Net zo spannend als wanneer iemand met een engelachtig voorkomen zich ontpopt als een boef vanjewelste.

Mensen en schilderijen, je kunt ze in één keer overzien. Je hebt ze geconfisqueerd in een fractie van een seconde.

Karakters en concerten moeten voor je worden ontvouwd. Daar heb je tijd voor nodig. Gedichten hangen ertussenin. Ze vragen tijd en aandacht, jawel, maar een beetje poëzielezer blijft altijd in staat een gedicht in één keer in zich op te nemen.

Een gedicht is muziek, een gedicht is een afbeelding.

Ook over bijgaand gedicht *Mimesis* had ik al een mening op het moment dat het me onder ogen kwam.

Ik had er zelfs twee.

De eerste indruk was dat het gedicht me beviel. Er was sprake van een conflict tussen afsplitsingen, van een al of niet schijnbare verwarring en van een uiteindelijke versplintering. Zodoende trad je een spiegelpaleis binnen waar het een drukte van belang was. Het beviel me uiteraard omdat het een thematiek betrof die me zelf tot in het merg fascineert.

De schijngestalten van het ik, de overlappingen van kunst en leven, om het eens geleerd te zeggen.

De tweede, simultaan gewekte indruk was dat het gedicht me niet beviel. Even dacht ik, die opsplitsing in ikken, goeie god, weer een bewijs dat Fernando Pessoa verwoestend heeft huisgehouden in de Nederlandse poëzie.

Als de Nederlandse poëzie imiteert, en dat doet ze dikwijls, dan neemt ze de maniertjes massaal over of past ze roomser toe dan de paus. Individuele varianten en persoonlijke oplossingen worden niet op prijs gesteld. Buitenlandse meesters zijn sacrosanct.

Tot zover mijn indrukken. Ze zijn oppervlakkig.

Naar bekend mogen we de oppervlakte niet onderschatten.

Nu het gedicht.

Charles Ducal (een pseudoniem, wie een gedicht als dit schrijft kan niet zonder pseudoniem) noemt het *Mimesis*. Dat is een term uit de poëzieleer, met een nogal ingewikkelde geschiedenis. In zijn simpelste vorm betekent het de nabootsing van de natuur in de kunst.

Maar welke natuur? De ideale realiteit? De mogelijke realiteit?

En welke kunst?

Twee dichters zijn in elk geval bezig aan een gedicht. Ze worden gepresenteerd als elkaars spiegelbeeld en ze zijn duidelijk concurrenten. Al in de eerste vier regels weegt het 'schrijvend tegen mij' op tegen het 'ik schrijf aan zijn gedicht'. Is dichten tegen-schrijven?

In een interview merkte Charles Ducal op, en het lijkt me passend dat hier te citeren, dat poëzie 'een wapen is om "nee" te zeggen tegen de realiteit, die haar eisen stelt en je dwingt een compromis te vinden tussen ik en de ander, ik en de wereld.' Hij klaagt over de beperkingen van de realiteit. Volgens hem creëert de poëzie 'tegen de realiteit een eigen wereld, waarin je oppermachtig bent, waarin je de toevalligheid van je leven een zin geeft, jouw zin.'

Met dat 'oppermachtig' zijn we meteen bij de laatste zin van het gedicht –

God stukgevallen in duizend goden

– dat is de dichter, dat zijn de dichters van Charles Ducal. Ze loeren bij elkaar naar binnen. Ze proberen bij elkaar af te kijken. Ze proberen elkaar de loef af te steken. Ze delen één razernij – ook al zo'n klassieke term, *furor poeticus* – en ze hebben één hardnekkige hindernis: de taal.

De juiste regel.

De taal is karig met haar gunsten. De dichter moet zowel vechten tegen zijn andere ik als het verzet van de taal breken. Uiteindelijk komt aan de taal het laatste woord over de realiteit toe. Om die reden is

de regel te verraden die hem schikt

een zaak van dwang, afgunst, schrik.

Drie schikgodinnen van de *furor*.

De taal bepaalt wie de sterkste is. De taal definieert de realiteit. Er wordt aan de realiteit gewerkt door een legioen dichters *en allen zo machtig als ik*

– want de dichter hanteert de taal, de dichter creëert zijn persoonlijke werkelijkheid. De slotregel zou bemoedigend klinken, als we niet al wisten dat de 'ik' het moeilijk genoeg heeft *zichzelf* bij elkaar te rapen.

Een gedicht waar je ook na de eerste en tweede kennismaking van kunt blijven houden.

DE ARK

In de verbeelding komen ze. Gearmd.
Over de loopplank. En schikken
zich. Een stil rumoer van benen
over benen. Zwart water klopt aan ramen.

Ze hadden het over jou, een dikke warme
zomer lang. Twee tuinen verder. Hikkend
van de lach wierp één haar bal. Op hun tenen
stonden ze. Bij de heg. Knisperend kwamen

ze, zeldzame dieren, kwamen door de heg gekropen
de Kleine Ademdief, de Rode Pantoffelloper,
de Muis Met Vlek, de Bonte Tuimelaar,
de Dochteren Israëls, de zusjes Koorevaar.

L.F. Rosen 1953

Dit is een gedicht om even naar te turen. Het klinkt vrij simpel – loopplank, zomer, balspel, heg – en toch begrijp je meteen dat het niet zo simpel is als het lijkt. Er schuilen adders onder het gras – iets met de chronologie en met de relaties tussen de figuranten. Er wordt een raadsel gesuggereerd, al heb je geen idee welk raadsel.

Het gedicht kweekt bij eerste lezing genoeg goodwill om je zover te krijgen er eventjes langer naar te turen.

Als een gedicht van tevoren al uitstraalt 'ik wil je niet hebben', dan begin je er niet aan. Als een gedicht er meteen al bijligt als een diva die zich te gecompliceerd voor je voelt deins je terug.

Raadselachtigheid mag, en hermetisme, en absurde woorddronkenheid – som al het familiezilver en alle uitwassen van de poëzie op – maar de dichter moet de lezer op z'n minst één worteltje voorhouden.

Eén fopperij moet er zijn die de lezer hoop geeft op licht aan het eind van de tunnel.

Het doet er niet toe of die gewekte hoop uiteindelijk valse hoop blijkt. De dichter hoort de lezer zijn spiegelpaleizen of bordelen *binnen* te lokken. Aan langslopend verkeer heeft hij niets.

Dichten is iemand op een handige manier je bedrog opdringen.

Handig, maar onontkoombaar.

De dichter pakt de lezer bij zijn kraag om hem vervolgens met een kluitje in het riet te sturen, zal ik maar zeggen.

Hij hoeft in zijn gedichten geen ontsnappingsroutes te bieden. Hij moet de lezer wél vangen.

Waarin schuilt de goodwill die *De ark* van L.F. Rosen kweekt? In een paar haast terloopse kleinigheden. In de luchtige indruk die het gedicht bij eerste aanblik maakt, of de dichter zomaar een verhaaltje uit de losse mouw schudt. En in de zinnen

de Kleine Ademdief, de Rode Pantoffelloper,
de Muis Met Vlek, de Bonte Tuimelaar,
de Dochteren Israëls, de zusjes Koorevaar

die ondanks pantoffel, muis en tuimelaar haaks staan op die luchtigheid – een intrigerende opsomming, met de theatrale plechtstatigheid van een processie. Meer niet.

Toch heeft L.F. Rosen daarmee onze aandacht gevangen. We zijn gekaapt.

We beginnen naar het gedicht te turen.

We vertrouwen de luchtigheid niet. Dit is niet ‘zomaar een verhaaltje’.

Wat wel?

De dichter geeft zich duidelijk niet een-twee-drie gewonnen.

Dus turen we iets langer.

Onze ijver heeft niets te maken met literair plichtsbesef of huiswerk of de kwalijke gevolgen van moeilijke poëzie. We scharen ons ook wel eens achter in een rij als we iets speciaals willen zien of kopen. Sommige gedichten lonen gewoon meer de moeite dan andere.

Poëzielezers hebben al lezende een neus ontwikkeld voor wat misschien de moeite waard zal zijn.

Eerst heb je die arkscène. Gearmd over de loopplank, zwart water dat aan de ramen klopt, dat kan over niets anders dan de ark uit de titel gaan. Dan ineens –

Ze hadden het over jou

– en dat twee tuinen verder in een dikke warme zomer. Wie zijn 'ze' en wie is 'jou'?

'Ze' moeten wel degenen zijn die zich, eenmaal de loopplank over, schikken met een stil rumoer van benen over benen. 'Jou', dat kan in dat geval niemand anders zijn dan degene in wiens verbeelding zich de arkscène afspeelt.

'Hikkend van de lach wierp één haar bal.' Het gaat om meisjes. 'Twee tuinen verder.' Om buurmeisjes.

Dit is een reddersfantasie. De buurmeisjes van toen dienen in de ark te worden behouden. Ook nu ze dames zijn geworden.

Waarom vermoed ik dat het dames zijn geworden? Vanwege dat 'gearmd'. Zo lopen alleen dames twee aan twee een loopplank over. Vanwege dat 'stil rumoer van benen over benen'. Het zou het geknisper van nylonkousen kunnen zijn.

Waarom moeten de meisjes worden gered? Wie weet heeft het te maken met de dikte en warmte van de zomer, met hun hikkende lach en met het op hun tenen staan bij de heg. Het heeft zeker te maken met de verbeelding.

Eigenlijk marcheerden ze *toen al* de ark binnen

de Dochteren Israëls, de zusjes Koorevaar

met hun adembenemende bijnamen. Het gat in de heg was de loopplank. Ze knisperden toen al.

Zeldzame dieren, voorbestemd voor de ark van de dichtersfantasie.

Heden en verleden schuiven in elkaar. *De ark* heeft iets met nu en vroeger te maken, of liever met vroeger en het allereerste begin. Met de ark van Genesis, de ark van het vliegend en kruipend gedierte. Met het thema van oorsprong en geschiedenis, geboorte en slijtage, dat in de gedichten van L.F. Rosen vaker een rol speelt –

Maar uitgeleefd zal dit alles eens terugkomen
in het geheugen als koeien op het abattoir.

Verder kan ik in dit gedicht niet doordringen. Ik heb het gevoel dat ik maar weinig aan de weet ben gekomen.

Was het turen de moeite waard?

'Nut' en de 'moeite waard' zijn in de poëzie belachelijke categorieën.

Bovendien is een gedicht niet verplicht zijn raadsels prijs te geven.

En dan komt er een lezer die mijn tuurrapport heeft gelezen en die me met een lichte toets duidelijk maakt wat ik in het duister van mijn slakkenhuis niet zag. Het is gewoon een gedicht, schrijft Frans Driessen, over 'een geile dichter met een bijbels schuldbesef'. De dichter fantaseert ('in de verbeelding') over jonge meisjes, te jonge meisjes. 'Gearmd lopen alleen meiden van de brugklas tot klas 3, hooguit 4.' Ze schikken zich, dat wil zeggen naar de fantaserende dichter. In een bereidwillige houding.

Een stil rumoer, benen over benen. Seks.

'In het tweede couplet staat,' vervolgt Frans Driessen, 'wat de dichter tot zijn dromerij verleidde. Twee giechelende meisjes.' De meisjes kruipen in het derde couplet door de heg om bij de dichter te komen, vandaar dat *knisperen*. Knisperende dode takjes.

De meisjes zijn als zeldzame dieren. Troetelnaampjes voor lustobjecten. Een parade van fabelwezens.

Tot de schrik in de slotregel.

De dichter ontwaakt en ziet met wijdopen ogen zijn straf.

De Dochteren Israëls riekt naar de toorn van God, de zusjes Koorevaar zouden de dochters kunnen zijn van een wrekende ouderling.

'En Koorevaar rijmt erg goed op ooievaar,' besluit Frans Driesssen. 'Iets te goed, vind ik.'

Wat is een gedicht? Voor de een een vraag, voor de ander een weet.

EEN SCHUILPLAATS

Ik prevelde zonder geluk op straat
maar wat. Niemand nam er notitie van.
Zwijgend hield ik mij op in een portiek.

Heel waardevol dat alles overgaat.
Trams dreunden langs. Ergens schreeuwde een man.
Uit een luidspreker schalde dansmuziek.

Waarvan ontdaan en zorgen om welk lot?
Conclusie noch ontraadseling. En hopen
doen we toch zeer vergeefs. Laat ons dan huilen.

Daar stonden mijn gedachten stil bij God.
Juist brak een stapelwolk verrassend open
en regende dat ik zou blijven schuilen.

Rob Schouten 1954

Niet tevreden met zomaar wat zelfspot en schutterend als mopperaar – typisch Rob Schouten. Hij spreekt liever op sarcastische toon over zichzelf, zonder relativering, en zijn gemopper schurkt regelrecht aan tegen het chagrijn –

O, tijd van lauwe kranten en gesprekken,
het leven klotst stompzinnig uit mij voort!

Luchtigheid en ironie mogen nu en dan wel meedoen, zoals in een gedicht over zijn eigen verjaardag –

Vrienden roemden mijn geslaagde hoofd-hart-combinatie,
vrouwen begrepen aan de onhandige wijze waarop ik
hun bloemen in een vaas deed dat ik hun man was

– maar verkijk u er niet op, Schoutens ironie is in de meeste gevallen verhulde somberheid en zijn relativering het vaststellen van het maximaal haalbare.

Alleen voor een absoluut nee deinst hij op het randje terug. Net op het randje. Door zijn afkeer, heb ik de indruk, van het absolute, een afkeer die hij deelt met elke oprechte sarcast, en ook wel door, het hoge woord moet er uit, een zekere burgerlijkheid.

Rob Schouten is een huiselijk nihilist.

Dat levert goeie poëzie op om te lezen, poëzie die voor de dichter zelf een overlevingsstrategie betekent. Ze biedt de lezer alle kansen om de sluiproutes, tactieken, vluchtwegen en *blind alleys* van speciaal deze dichter te volgen.

Door zich niet bloot te geven geeft de dichter zich hopeloos bloot.

Wie struikelt en wegvlucht in portieken beschikt naar alle waarschijnlijkheid over een interessanter boodschap dan de flapuit die je met open armen tegemoet rent.

Rob Schouten hoor je altijd om het hoekje brommen. Maar hij bromt onontkoombaar.

In *Een schuilplaats* uit de bundel *Bij bewustzijn* (1996) schetst de dichter, afkerig van zelfportretten, zijn zoveelste zelfportret.

Ik prevelde zonder geluk op straat
maar wat

– het kan niet op, prevelen en ook nog zonder geluk en ook nog maar wat, geen wonder dat in regel twee geen hond er notitie van neemt. (Blijkbaar loert de dichter toch even uit één ooghoek om te zien of hij in de gaten loopt.)

Zwijgend hield ik mij op in een portiek

– het zelfbewustzijn valt niet te ontkennen, maar even onloochenbaar zijn de thema's zwijgzaamheid en schuilhoek. 'Heel waardevol dat alles overgaat.'

Ik zei het al, de dichter stelt zich niet tevreden met ironiserende zelfspot. Hij doet er het bijna-definitieve schepje bovenop. 'De wereld kan me gestolen worden.'

De lawaaierige wereld.

Geen definitief schepje, een bijna-definitief schepje.

Want op de sarcastische constatering volgt een vraag –

Waarvan ontdaan en zorgen om welk lot?

– het smalen, het versmaden is niet het eindpunt van het gedicht.

Er schiet hem op deze vraag zo gauw geen antwoord te binnen. 'Conclusie noch ontraadseling.' Maar een vraag stellen is hopen op een antwoord. Geen hoop, benadrukt de volgende regel. Dat we niet vergeefs hopen, maar 'zeer vergeefs', is een ironie die balanceert op de rand van de bitterheid, een dubbele ironie die omslaat in melancholie.

'Laat ons dan huilen.' Er is geen andere remedie.

Het breukpunt is bereikt.

'Laat ons dan huilen' – het kan een laconiek voorstel zijn van de dichter, een aansporing waarvan hij weet dat het ook al op niets uitloopt. Ironische pathetiek.

Het kan ook een week moment zijn, een stadium van overgave.

Je voelt dat de dichter, ten einde raad, iets essentieels wil zeggen. Het verdriet klinkt wegwerperig, in het laconieke houdt zich een snik schuil.

Weer iets van een geslaagde hoofd-hart-combinatie.

De dichter stelt zich tegelijk fier en klein op. Hij doet of hij niet ziet dat wij hem zien. Het begint hem te dagen dat het antwoord ligt in het stellen van de vraag. God kan niet ver meer zijn.

En jawel –

Daar stonden mijn gedachten stil bij God.

Buiten de poëzie is God niks. Alleen in een gedicht kun je het ongerijmde laten rijmen, iets openbaren door het te verbergen en om het hoekje aanwezig zijn.

Kortsluiting, waarna regenbui.

Een wonderdoende God is hier aan het werk, een God die doet denken aan die andere poëtische, meteorologische wonderdoener uit het gedicht van Dèr Mouw –

het zonlicht spaarde Hij uit, als wij toch slapen

– ironie, al net zo, die je niet serieus genoeg kunt nemen.

Dat de stapelwolk openbreekt blijft alleen voor de dichter verrassend. De lezer kon het zien aankomen. Er was immers een annunciatie. Dreunen, schreeuwen, schallen zelfs.

Een aankondiging van de hand van – de dichter.

De dichter kijkt hier met open mond naar het wonder dat hij zelf heeft geregisseerd. Na het zinloos schuilen is daar ineens de stortbui die zijn schuilen zin geeft. De regen voorziet hem van een opdracht, de regen geeft een bevel – je kunt 'regende' lezen als 'regelde'. De stortbui is door de dichter zelf fraai in scène gezet, met afleidingsmanoeuvres en stiltes voor de storm en al.

Het geloof als wilsdaad of als toegeven aan een zwak moment, het maakt geen verschil. De opdracht blijft – er niet te zijn.

Hier wordt een wankele hoop tot het gedicht toegelaten, zonder dat het ontaardt in hoopvolle poëzie.

De duivelse aanpak van Rob Schouten maakt dat je juist des te meer walgt van dichterlijke optimisten.

BEGINNE

Zo zijn de heelallen bevallen
van de som aller getallen
In de cryptische valwind
ontwaakt het onnozele kind:

zonder vleugels drinkt het zich
– als godvergeten tekenstam –
op de bodem van de beker
lam in de inwendige wijnen

Ja ja het zijn de gare rapen
van de droesem – zij klimmen
als rechtschapenen het eerst
op het vliegend papier

En o nee o nee het zijn
de toevallige trouvailles:
de valleien van je taille en
de golfslag van je billen

Zo ontwaakt het kind
als gewone jonge vogel in
een transparante minivrouw –
zo ontwaken wij vallende allen
Maar o wee o wee wie lachen wil
en klappen met alle zijn zeven
denkbeeldige zwaanwitte vlerken
boven het lood om oud ijzer rondom

Hij zal o jee o jee de wrake
ook de vele vele vetes dan
geheel alleen tevreden alle
ballast laten vallen en

stijgen en stijgen en stijgen.

Pieter Boskma 1956

Er is een prentje dat *de Schepping* heet, waarop een mannetje God staat na te doen door een beetje met aardbollen te jongleren. Het prentje straalt dezelfde vrolijkheid uit als dit gedicht, een vrolijkheid die de lezer inpalmt en meevoert, juist omdat het om zo'n zwaarwichtig onderwerp gaat.

Dat is wat we moeten doen met een gedicht als *Beginne*, ons gewoon een eind laten meevoeren.

Het is een stuiterspel. Het gedicht zorgt er wel voor dat we verderop terechtkomen, het zal zich niet verzetten. Het tilt ons op, laat ons vallen, sleept ons weer verder. We moeten niet precies willen weten wat het met ons uitspookt.

Aan het eind heb je heus wel door dat het een springerig gedicht is geweest, waarin serieuze morseseinen werden meegestuurd. De dichter heeft met je gejongleerd en je bent duizelend iets wijzer geworden.

De creatie en haar consequenties, daar zal het ditmaal over gaan. Met verhaaltjes en anekdotes hoef je bij de dichter niet aan te komen. Het gedicht wordt bevolkt door weidse begrippen als heelal, droesem, kind, vlerken, wrake, ballast. Vallen en valwind komen erin voor, stijgen en klimmen. Het werkwoord ontwaken zelfs drie keer.

Valleien en golfslag.

Het is een gedicht van opwaartse en neerwaartse bewegingen, van het uitslaan van vleugels.

Laten we onze manier van lezen net zo dansant houden als het gedicht zelf. Speels begint het –

Zo zijn de heelallen bevallen
van de som aller getallen

– baldadig zelfs, en toch is er de onverklaarbare valwind, zo helemaal passend bij de onschuld van het kind.

Er is iets ontstaan wat nog geen vleugels heeft, maar ondanks die tekortkoming zet de speelsheid zich voort. Niet dat ik het tweede viertal regels helemaal begrijp.

Vooral dat tekenstam komt me erg godvergeten voor. Is het misschien een stam waarin zich tekens of littekens zullen vastzetten? Voorbode van het verlies van onschuld?

't Is of de dichter het ook niet helemaal begrijpt, met zijn 'ja ja het zijn de gare rapen' als commentaar in de regel daarop.

De gare rapen komen uit de droesem, uit de bodem van de beker, en staan 'het eerst' op papier. Ah, meneer de dichter heeft het over het scheppen, *zijn* scheppen. Hij schrikt ervan –

En o nee o nee het zijn
de toevallige trouvailles

– hij kaatst de bal terug naar het toeval, maar intussen vormen het toevallige en de valleien de voortzetting van de keten die met heelallen en bevallen begon.

Het blijft dansen op het koord.

Trouvaille of niet, de creatie is onlosmakelijk verbonden met erotiek. Taille en billen.

De seksualiteit ontwaakt, het kind wordt kleine vrouw. Ontwaking – we zijn terug bij de bron van het gedicht –

zo ontwaken wij vallende allen

– het proces wordt na de gedachtestreep met de grootste ernst op ons allen, op ons aller lot betrokken.

'Maar o wee o wee wie lachen wil', laat de dichter er onmiddellijk op volgen, duidelijk uit een behoefte terug te keren naar de spot.

Hij jojoot.

Wat eerst zonder vleugels was krijgt nu wel zeven vlerken aangenaaid. De woorden 'denkbeeldigheid' en 'lood om oud ijzer' staan niet voor niets in het kwatrijn waar de klappen vallen. 'O jee o jee de wrake'.

De bijbelse wrake is er steevast voor wie zijn vleugels wil spreiden.

Er blijkt aan het slot een keuze gemaakt. Een keuze voor het laten vallen van ballast. Voor de eenzaamheid.

Het 'stijgen en stijgen en stijgen' is de beloning voor de van ballast verloste eenling.

Je kunt er net zo goed de apotheose van de dood in lezen. Of iets over het lot van de scheppende kunstenaar. Of iets over de doem van de erotiek.

Is de kringloop rond aan het slot?

Daarvoor moet je – o nee, o wee, o jee – weer bij de eerste regel beginnen. Al herlezende gaat het gedicht verder en verder open.

Het is een opwekkend gedicht. Elke keer als ik voor eventjes verzoend wil raken met de paradox van creatie en vernietiging herlees ik het.

SLOOP

Heb genade voor het tere bloempjesbehang
de plek boven de deur waar het kruisbeeld
hing, de gele randen in het bad, de zware
geur van oude keukens, van reuzel en spek.

Al die kamers waaruit warmte nu voorgoed
ontsnapt en woorden zich nog trachten te
verbergen in laatste kieren of als schimmel
woekerend in het pleisterwerk. Streel

de vergeten tafel waaraan mensen zich
op het leven soms de tanden hebben
stukgebeten. Spaar het schommelpaard
op zolder want het leeft nog.

Marc Tritsmans 1959

Er is beroerde poëzie en er is magistrale poëzie, maar de meeste poëzie bevindt zich daartussenin.

Dan hebben we het over de poëzie van het sympathieke middenveld, waar zich de dichters bewegen die net te goed zijn voor de vergetelheid of net te slecht voor een vermelding in de literatuurgeschiedenis.

Het veld ook van dichters die een beslissende invloed uitoefenen op collega's die zich zullen ontpoppen tot magistrale dichters, waarna ze zelf in de schaduw verdwijnen.

Het veld van de dichters van een paar geslaagde regels of van de zomaar sympathieke dichters.

Je hebt niks aan de sympathie van dichters. Maar zonder de humus van de talloze sympathieke gedichten zou de top van de poëzie niet bestaan. Al laat een sympathiek gedicht je uiteindelijk koud, het zit behoorlijk in elkaar en het ergert je niet.

Als beroerde poëzie op ons neerdaalt als lauwe pis en magistrale poëzie als manna, dan is sympathieke poëzie een niet aflatende motregen.

Sommige dichters gaan prat op hun miezerigheid. Die stáán erop om tot het grijze middenveld te behoren.

Is het uit angst om uit de toon te vallen? Is het uit zelfkennis?

Op de flap van de derde of vierde bundel van Marc Tritsmans lezen we: 'Het is ondertussen wel duidelijk dat de dichter zich niet wenst te verschuilen achter gezochte complexiteit of achter het (vaak al te gemakkelijke) masker van de ironie.'

Marc Tritsmans is dus niet complex en ook niet gemakkelijk.

Sympathiek!

Intussen blijft het een beetje raar, een dichter die Zich Niet Wenst te pom-pom-pommen. Wat heeft een dichter te wensen? Hij heeft maar te schrijven om achteraf te merken hoe complex of ongemaskerd het uitvalt.

De stille boodschap van de flaptekst is duidelijk. De dichter wil niet tot een kamp behoren. Met als gevolg dat hij nergens bijhoort.

Hij wil iedereen te vriend houden, met als gevolg dat hij strandt op het naamloze, verschrikkelijk sympathieke middenveld.

Nu valt het met de middelmatigheid van Tritsmans' poëzie – zo spontaan complex en zo moeiteloos onironisch – wel mee. Het is ouderwetse poëzie met een modern tintje, heldere poëzie zonder te veel gemakzucht. Rijmende gedichten waaraan het rijm ontbreekt, ernstige gedichten zonder poeha – verzen met de spontaniteit van een herkauwer en het parlando van een bedachtzaam spreker.

Van alle goeie dingen een beetje.

Wat we hier zien is de top van de middelmaat, de subgoeie poëzie, de poëzie die overal welkom is en overal welkom *wil* zijn.

Tritsmans is de kleine meester voor het publiek dat zich geen echte Kouwenaar of Kal aan de muur kan veroorloven.

Complex, maar niet te. Ironisch, maar niet heus.

Als alle kleine meesters beschikt hij over een beperkte, intrigerende thematiek, die fijntjes en met kleine variaties wordt uitgewerkt.

Hoe kijken wij het verleden in? Hoe kijkt het verleden onze tijd in? Wie kijkt wie dood? Wie kust wie wakker?

In dit gedicht, *Sloop*, wordt opgeroepen tot mededogen met een huis onder de slopershamer, met muren waarop het bloempjesbehang van vroeger en de plek van het kruisbeeld nog zichtbaar zijn. Nu eerst verdwijnt de warmte van de doden uit de kamers en hun woorden zijn nog niet definitief vervluchtigd.

Heb genade. Streel de versleten tafel. Spaar het schommelpaard op zolder

(...) want het leeft nog

– de laatste regel komt het hardst aan, want het schommelpaard was nu juist de enige bewoner die nooit heeft geleefd.

De dichter komt in al zijn bundels op dit thema terug.

In een gedicht dat *Een kamer met uitzicht* heet kijkt iemand door een dakraam 'lichtjaren ver' de nacht in, zó ver terug in de tijd dat hij geniet

van een uitzicht op niets minder
dan onze eigen onbeduidendheid

– het begint met afbraak en het eindigt met niets. In *Herbarium* laat hij een tussen twee vellen perkament gedroogde klaproos, die eeuwen her naast een vrijend paar in een korenveld stond te bloeien, triomfantelijk herrijzen om door ons bekeken te worden, vol zinnelijke herinneringen die wij haar toedichten.

Dit tweerichtingsverkeer wordt een cyclische beweging in het gedicht *Oogopslag*, uit weer een andere bundel. Precies zoals wij nu, zo zagen de holenmensen de Matterhorn, heet het daar. En precies

ditzelfde landschap zal zich tonen
wanneer mensheid als een dun maar

koppig laagje overmoed van de
eeuwigheid is afgeschraapt. Maar
om door wie te worden bekeken.

Een cyclische beweging met een zwart gat.

In *Ontmoeting* gaat het weer om het simultane van het ongelijktijdige. Een fossiele schelp en oeroud pyriet en een gepolijste kei uit diverse windstreken en perioden worden door elkaar gegooid.

Maar 'het is vandaag en hier' en de dichter heeft 'lak aan afstand en miljoenen jaren'. Het staat hem vrij met zijn 'nietigste' hand de samenhang van de wereld 'godsonmogelijk' door elkaar te gooien.

Ruik ik hier een stokpaardje van het postmodernisme? De kurk waar het poëtische middenveld op drijft?

Hoe dan ook, met het gedicht *Leeg huis* waarin de dichter op de overloop een belknop betast zonder erop te drukken, zodat hij de illusie handhaaft dat alles daarbinnen in de kring van warmte bewaard kan blijven, alle vertrouwde bewegingen en woorden, met dat gedicht zijn we terug bij ons voorbeeld *Sloop*.

Zolang we het gestommel van de doden niet horen kan het gestommel nog beginnen.

We moeten veinzen om aan de dood te ontkomen en we leren het veinzen van de dood.

Heb genade.

KLEIN HUIS

Klein huis, maar gooi er eens een bal doorheen
en het wordt groot. Zie al die meters,
zijn ze niet van ons? En slenter eens alsof
je niet weet waar je heen gaat: ruimte rekt
zich geeuwend uit tussen de muren. Zie:
het dwalen dat de kamers met elkaar
verbindt is witgeverfd. Er is een trap,
een kapstok in een kast, wat deuren. Als
een landweg zo toevallig ligt het, doel
en startpunt bij de weg gezocht in plaats
van omgekeerd, zo lijkt het. Als je brood
haalt en weer terugkomt zul je zien dat we
een picknick kunnen houden. Snel, ga nu!
Het krimpen kan onmogelijk ver weg zijn.

Mark Boog 1970

'Gooi er eens een bal doorheen.' De dichter doet een voorstel. Plompverloren, zomaar uit het niets.

En toch niet zomaar.

Want een bal stuitert en moet ergens tot stilstand komen.

Het gooien van een bal heeft met toeval te maken. Zie maar waar hij terechtkomt.

Toch moet er eerst iemand zijn die gooit. Dat is toevallig en ook weer niet toevallig de dichter.

'Klein huis.'

De uitdrukking klinkt meteen al of het een huis betreft dat zojuist is betrokken. Een ruimte die nog verkend moet worden, waarvan de meters nog onafzienbaar zijn.

(...) Zie al die meters,
zijn ze niet van ons?

– het samenzweerderige 'ons' in de derde regel bevestigt dat het om een kennismaking gaat tussen een klein huis en mensen.

Je denkt misschien aan een stelletje dat 'al die meters' zal gaan gebruiken voor het eerste kinderledikantje, voor pampers en speelgoed.

Een bal heeft het stelletje al.

Neem gas terug, lezer. Het staat er niet.

Een gedicht is geen verhaaltje.

Een gedicht is... nu ja, een gedicht. Een reeks woorden waarbij het ene woord voortvloeit uit het andere, ook als ze niet uit elkaar voortvloeien. Woorden die niet zonder andere woorden kunnen en die je toch op hun eigen merites moet beoordelen.

Er staat 'ons'.

Het zou om een stelletje kunnen gaan, jawel. Maar ook om tien man. Of om honderd mannen en vrouwen.

Er is maar één ding zeker. Onder die 'ons' bevindt zich de toegesprokene.

't Zou om u kunnen gaan, lezer.

Zoals u ook de 'je' uit de vierde regel zou kunnen zijn.

Er is een tweede mogelijkheid. Misschien betekent 'je' gewoon 'ik' en dienden we al in regel drie het 'ons' te lezen als een pluralis majestatis. Het klinkt er trots genoeg voor. 'Al die meters.'

Laten we de derde mogelijkheid niet vergeten. Dat 'je' gewoon de helft is van een stelletje.

Door de bal wordt de ruimte groter. Er is sprake van een uitdijende identiteit.

Dit alles hoort bij het spel dat Mark Boog speelt. De dichter als manipulator.

Met z'n hoevelen is hij?

De poëzie van Mark Boog is een poëzie van slagen om de arm, *zo veel* slagen om de arm dat de drukke bewegingen tot een ogenschijnlijke stilstand leiden. Trefzeker laat hij ons in het onzekere.

'Ruimte rekt zich geeuwend uit tussen de muren.' Deze ruimte moet wakker worden geschopt. Er zal dus niet 'zomaar' worden geslenterd, want 'witgeverfd' betekent zonder bakens. Er moeten een doel en een startpunt worden gecreëerd op de toevallig bestaande weg.

Weerstanden, ijkpunten – manipulatie.

In de echte wereld springen mensen met ruimte om, in de poëzie springt de ruimte om met mensen.

De echte wereld? Voor de dichter is de echte wereld een van de legio denkbare werelden. Het wemelt bij Mark Boog van woorden als 'toevallig' en 'zo lijkt het'.

'De zinloosheid staat als een kerk om me heen' heet het en vervolgens noemt hij die zinloosheid annex kerk een luchtspiegeling, een

toevallig vormgegeven niets dat
in andere tijdsgangen slapend
was gebleven. Huis van mensen

– slapende tijdsgangen, geeuwende ruimte. Door eenzelfde type gangen wordt er gedwaald in dit gedicht, met obstakels als trap en kapstokkast en deuren.

Wat hangt achter de deur, waarheen leidt de trap?

Het dwalen leidt tot niets, tot alles – gooi een bal, beperk je tot een keuze, perfectioneer het toeval.

Zoek de juiste zin, dichter.

Men doet wat men kan zelfs als men alles kan

– haal bijvoorbeeld brood, uit de keuken verderop of bij de bakker om de hoek, en je zult zien dat er ruimte genoeg is voor een picknick.

Een picknick – dat is een weiland, dat is groen gras, dat is ruimte.

Binnen wordt buiten, het kleine huis is uitgedijd en op z'n grootst.

In één adem door maakt Mark Boog gebruik van de intimiteit die van woorden als brood en picknick uitgaat.

Zijn poëzie is een spel met intimiteit en ruimte, met huiselijkheid en eeuwigheden.

In de gedichten uit zijn debuutbundel *Alsof er iets gebeurt* komen geregeld huishoudelijke voorwerpen en huishoudelijke werkzaamheden aan bod. Uiteindelijk gaat het om de intimiteit van het oneindige.

Om het heelal. Om een huis van mensen.

Zolang het gedicht duurt. De waarheid, de mogelijkheid, de zingeving – ze hebben slechts de lengte van een gedicht.

Gooi een bal, haal brood, alles kan binnen je bouwwerk, binnen je huiselijke constructie. Snel, ga nu!

Het krimpen kan onmogelijk ver weg zijn

– de oneindigheid klapt ineen, de 'ons' en de 'je' en de 'we' zullen niemand worden, wat dreigt te gebeuren gebeurt, de dichter heeft nooit bestaan.

HET ORAKEL VAN ZALK

Hooor de wind
geselt
de grote
note-
boom op het gazon
in huis
zingt de ketel van
de cv
uit volle borst
mee

Zie
de windt snijdt
de kopjes
van bolgewasjes af
de geschubde kattepelzen vertellen
die wind houdt aan

Strooi beschermend materiaal!
Dicht buitenhokken!
Bescherm dieren de kousevoeten
– iets slaolie –
zorg voor drinkwater en
met een scheutje melk erin bevriest het ietsmindergauw!

Denk ook aan
eenzame
eenzame mensen

Mustafa Stitou 1974

Dit is een erg komisch gedicht, al bij het eerste woord.

Hooor... met drie o's, het heksachtig gejoel van het kruidenvrouwtje gaat een aanvang nemen.

Het decor wordt neergezet voor de vermanende voorspellingen van Hollands boerin nommero één.

Apocalyptisch van dictie, knus van inhoud.

Het orakel van Zalk, dat is Klazien uit Zalk natuurlijk, de in 1997 op bijna tachtigjarige leeftijd overleden populaire tv-ster, die altijd een streekgerecht van astrologie, weerspreuk, harde contanten, wintertenenzalf en dierenliefde door elkaar klutste.

De uit pure klei verrezen en vleesgeworden scheurkalender.

De typografie van de eerste strofe – suggestie voor de voordracht en visuele accentuering van het gebeuren tegelijk – lost de komische belofte van de aanhef in. Het is een strofe die je niet vaak genoeg kunt herlezen. 'In huis' – het klinkt plechtstatig, als een majesteitelijk intro voor de vedette die ketel heet.

Tegelijk is er die onvermijdelijke associatie met

zie de maan schijnt door de bomen
hier in huis zelfs waait de wind

– terwijl toch ook de chimpansee lichtjes meeklinkt, Van Ostaijens eigen chimpansee –

De sjimpansee
is
ziek van de zee

– waarna in de volgende strofe – zie! – de niet van dreiging gespeende profetieën van het orakel volgen.

'De wind snijdt de kopjes van bolgewasjes af'.

Een haast oudtestamentische voorspelling, geïroniseerd door de verkleinwoorden.

Hollands onheil. Eerste hulp bij kamerplanten. Zwaar weer voor de polder.

Niet uit de darmen van een dromedaris of de ingewanden van

een ibis, maar uit geschubde kattenpelzen leest het orakel dat er een heuse storm op til is. Haar aanwijzingen om de godentoorn alsnog te keren zijn van een vrolijk stemmende banaliteit. Nederlandse goden kennen een konijnen- en boerenhondenformaat.

Iets slaolie, een scheutje melk, een tikkeltje ondeugend, een beetje godsdienstig.

Door het 'ietsmindergauw' aan elkaar te schrijven benadrukt Mustafa Stitou de absurditeit van het geheel.

Al valt de bom, een Nederlander blijft op de kleintjes letten. Wij zijn de helden van het detail. Al zal de wereld ontploffen, zonder trekpleisters gaan wij niet de straat op.

De zowel absurde als herkenbare remedies leiden op logische wijze naar het sarcastische slot.

Het woordje 'ook'! Die herhaling van 'eenzame'!

Deze dichter kent de kracht van het detail.

Toch draagt hij een Marokkaanse naam. De eerste twee bundels van Mustafa Stitou heetten *Mijn vormen* (1994) en *Mijn gedichten* (1998). In 2000 werden ze gezamenlijk herdrukt.

Ik ben de jonge Marokkaan
en zijn anderstalige gedachten

staat in het gedicht *Zomaarcafé*. Maakt de afkomst iets uit voor het perspectief? Is het voor de kijk op Hollands guur buitenhuisje van belang hoe de dichter zich presenteert?

Wordt dit gedicht vol zelfspot over het eeuwige provincialisme en de aandoenlijke, maar levensgevaarlijke goeie bedoelingen van de Hollanders onder de vlag van Mustafa ineens een bittere lachspiegel, de kaaskoppen door de buitenwacht voorgehouden?

1) Natuurlijk niet. Het gedicht zou net zo goed afkomstig kunnen zijn van iemand die Jan Jansen heet, een oer-Hollander, zij het een slimme.

2) Zeker wel. De perspectiefverandering is onvermijdelijk. De Hollander moet de waarde van de kritische kijk wel wan-

trouwen. Door de positie van het gedicht in de bundel. Door de vele malen dat woorden als bismillah, insjallah en muezzin in de bundel voorkomen.

De dichter draagt tenslotte een exotische naam. Wie weet is hij zelfs in een Arabische uithoek geboren! Onder het tentzeil, in brandend zand!

Het probleem is minder groot dan het lijkt.

Je zou als je Mustafa Stitou heette wel gek zijn in Nederland te loochenen dat jouw poëzie – iedere regel! – doordesemd was van moslimproblematiek en Sahara-heimwee.

Je zou gewoon geen goeie Hollander zijn.

In Nederland is men verplicht te beantwoorden aan wat van je wordt verwacht. In Nederland is men verplicht tussen twee culturen te hangen.

Nu dan.

Intussen bezitten we in *Het orakel van Zalk* een oerkomisch gedicht over de oerkomische Hollander. Het kan worden toegevoegd aan onze klassieke galerie van treffende zelfportretten, van o land van mest en mist tot en met nooit, nee nooit gebeurt hier een mooie passiemoord.

Om er het volle effect van te proeven moet je het Mustafa Stitou misschien horen voordragen.

Spook-Hollander drijft de spot met Hollandse lucht. Klazien *meets* Mustafa. Een topnummer.

DODE DICHTERS

MAALTIJD IN DE LOMMER

Een gloeiende walm doorbeeft de grauwe hemel
Ter hete stond, als de zonnebol zijn hoogst
Toppunt bereikt, en telkens op 't volksgewemel
Neerblikt, dat woelt te midden des gouds van den oogst.

De dorpsklok klept, en buiten des stralengeglinsters,
In de lommer eens schovenhoops, eens veldplantsoens,
Bekruisen zich forse maaiers en rappe bindsters
Ten soberen maal des rustverlenenden noens.

En groepjes hier en groepjes ginds omringen
De brede kommen van dampende knollen gevuld –
Wat stadspartij zag ooit wel blijdere kringen?
Wat hof heeft ooit zo fris en vroo gesmuld?

De minne kruidt wel eens die landgenuchten,
Beschaduwd door 'nen dichten hazelstruik…
Wie zoude niet in nederige gehuchten
Eens nippen aan natuur- en vreugdekruik?

J.M. Dautzenberg   1808-1869

Soms vormt een gedicht z'n eigen parodie. Bekend zijn de pastiches van negentiende-eeuwse gedichten door N.E.M. Pareau –

Gelijk de grootvorst bij het ochtendgloren
in dolle vreugd ronddanste op 't gazon
van 't zomerlustoord, voordat hij begon
den staatsraad over 't wetsontwerp te hooren

– maar een gedicht als *Maaltijd in de lommer* had Pareau alleen letterlijk hoeven over te schrijven. Niemand zou aan het parodistisch karakter hebben getwijfeld.

Een woord als zonnebol is ook te mooi.

En dan de dorpsklok die klept plus de forse maaiers die zich staan te bekruisen met de rappe bindsters, het lijkt werkelijk op de negentiende eeuw vertolkt door iemand die in een later eeuw achteromkijkt.

Tollens op een koekdoos. Bilderdijk door de zeef van een patafysicus.

Dan die zin

De brede kommen van dampende knollen gevuld

– het is op het randje van de moderne ironie, zoals ook het nippen aan de natuur- en vreugdekruik in de slotregel dat is, terwijl de openingszin

Een gloeiende walm doorbeeft de grauwe hemel
Ter hete stond, als de zonnebol zijn hoogst
Toppunt bereikt

weer duidelijk koketteert met expressionistische klankobsessies.

Het woord 'toppunt' vooraan de regel na het enjambement, dat is bijna de poëticaprofessoren verzoeken.

'Neerblikt' aan het begin van de volgende regel, idem dito. Dit smeekt om een studie.

Ik, die niet zo'n bolleboos ben, val eerlijk gezegd het meest voor de klassieke regel

In de lommer eens schovenhoops, eens veldplantsoens

– een wanhopig crescendo dat ik niet genoeg kan declameren en dat voor mij de hele landelijke negentiende eeuw visualiseert.

Een decor waarin forse maaiers tot onuitsprekelijke handelingen overgaan, de minne kruidend door te nippen aan de kruik.

We worden nog net niet in de maling genomen. Zo'n gevoel krijgen we.

Omdat alles in zo'n hoge kunsttaal is gesteld, gepolijst en afgemeten en met ridderlijke zwaai, lijkt *Maaltijd in de lommer* op een negentiende-eeuws gedicht met een schepje erbovenop.

Een gesuikerd geval, lakwerk.

't Is geen wonder, want de in Heerlen geboren Vlaamse dichter J.M. Dautzenberg was een groot voorvechter van moeilijke antieke ritmen en strenge vormen.

Zijn ideale dichter was Graf August von Platen, de tegenpool van de romantische Heine. 'Het is Platen vooreerst, dan Rückert de bard,' dicht Dautzenberg ergens. Deze Duitse formalisten overtuigden hem ervan dat ook zijn eigen taal – 's lands speeltuig – de woorden op verheven en hoge wijze kon strelen en de poëzie met de puurste zonnestralen kon begieten.

'Hang de luit,' dringt Dautzenberg aan, 'de eentonige luit in de kamer der antiquiteiten', en laat 'het orgel alleen' het Vlaamse lied begeleiden.

Zo orgelt hij dan in de lommer eens schovenhoops, eens veldplantsoens.

Dampende zonnebol in rustverlenend stralengeglinster.

Dautzenberg probeerde als eerste om klassieke versmaten in het nog jonge literaire Vlaams te planten. Hij deed dat met zo'n overtuiging dat een tijdgenoot hem al verweet: 'Dautzenberg (...) overbeschaafde de taal, zodat hij niet zozeer het bestaande verbeterde, als wel een aristocratisch praaltuig in de plaats stelde van de taal die het volk sprak of spreken moest.'

Ook tijdgenoten ondergingen deze poëzie al als koekoeksei.

't Zijn niet de natuurlijkste ritmen, om het zachtjes uit te drukken, vandaar de gedwongen hoeveelheid genitieven.

Des gouds, des noens, eens veldplantsoens.

Ze versterken achteraf voor ons het Duitse karakter van deze poëzie.

Toch stuntelt Dautzenberg niet. Hij bezit een fijn gevoel voor ritme en klank, een eigenschap die kort daarna bij Guido Gezelle tot volle wasdom zou komen.

De poëzie van Dautzenberg speelde een belangrijke rol in de ontwikkelingsgang van het Vlaams, maar verdween daarna om de hoek, als de moor die zijn plicht heeft gedaan.

Op ons maakt ze nu de indruk van poëzie uit een gekostumeerd bal, gedeclameerd door opwindbare poppen.

De picknick op het land wordt in dit gedicht gunstig afgezet tegen het stadspartijtje en het hofdiner. Maar 'die brede kommen van dampende knollen gevuld' zijn inmiddels zelf van porselein.

Gecraqueleerd en vergeeld.

We kunnen Dautzenberg voor al zijn inspanningen alleen nog een wederdienst bewijzen door *Maaltijd in de lommer* hardop voor te lezen via onze neus, staande op ons hoofd, driemaal te snel, bekakt of achterstevoren.

DE JONGEN AAN MIJN VENSTERRUIT

De jongen aan mijn vensterruit
hij speelt al wondre perten
hij speelt en hutst e kindtjen op
en zingt den tantum ergo
Hij heeft een sproetig aanzicht en
een kop zoo rost als ijzer
hij komt hij lacht hij staat hij gaapt
hij roept mij goeden morgen

Lijk een zeebare als ze breekt
lijk een bare schuimgetopt
  rolt het lied en breekt
      in 't laatste vers en
          't slotwoord

Hij ziet zoo altijd blij eruit
geen eenen keer en weend' hij nog
hij is nie schoon j'is ros geplekt
met olde lompen kleers bedekt
is ros van hair is breed van mond
is bleek en ongezond
hij al en anders allemaal
dan jongens in de romancentaal
toch ziet hij altijd blij eruit
want hij kijkt al deur mijn vensterruit
't is zeker in zijn hert dat 't ligt
wat glanst al op zijn aangezicht.

Guido Gezelle 1830-1899

Verreweg de meeste gedichten van Guido Gezelle zijn gelegenheidsgedichten. Kerkhofblommen bij het graf, zielsgedichtjes achterop bidprentjes of 'doodbeeldekens', ze ontstonden op momenten die de dichter niet zelf in de hand had. Honderden van die gedichten heeft Gezelle geschreven, hij had een winkel in poëzie.

Een begrafeniswinkel.

Het woord 'gelegenheidsgedicht' is een ernstig misbruikt woord. Wie het in de mond neemt bedoelt er altijd gedichten van anderen mee. 'Ik doe niet aan die minderwaardige dingen,' probeert hij te zeggen. 'Dat soort geschrijf staat ver van me af.'

Het woord 'gelegenheidsgedicht' is zo'n woord waarbij de Nederlander volautomatisch de beschuldigende vinger opsteekt.

Vooral als hij verneemt dat er voor een gelegenheidsgedicht iets werd betaald ziet hij groen en geel van ergernis.

Hoeveel dan wel?

De echte dichter leeft van de lucht of een bijbaan.

Woordenspel.

Er zijn meer gelegenheidsgedichten in omloop dan je denkt. Heel wat meer.

De schoolboeken en de canon staan er vol mee. Gedichten die geen gelegenheidsgedicht lijken zijn dat dikwijls tóch. Als alle dichters eerlijk waren en zouden bekennen hoeveel versjes ze geschreven hadden omdat een vriend het vroeg, omdat een vrouw het suggereerde, omdat een omstandigheid ze dwong – het woord 'gelegenheidsgedicht' zou volslagen betekenisloos worden.

Maar dichters zijn nooit eerlijk. Waarom zouden ze ook.

De een schrijft iets voor de boekenweek, de ander voor de borrel na de begrafenis, de derde omdat een wanhopige tijdschriftredacteur hem belt die om kopij verlegen zit. Er worden gedichten gemaakt voor jarige kinderen, voor dochters die het huis verlaten, voor ouders die ten dode zijn opgeschreven.

Allemaal gelegenheden.

In de meeste gevallen hoeft alleen maar een datum, een opdracht of het regeltje met de directe aanleiding geschrapt te worden en de tekst is persklaar voor bundeling, literatuurgeschiedenis en eeuwigheid. Zonder gelegenheid bestaat er geen literatuur.

Zelfs de schrijver die iets maakt omdat hij er belangstelling bij het publiek voor vermoedt gehoorzaamt aan een gelegenheid.

Het probleem, soms, met gelegenheidspoëzie is niet de gelegenheid. De gelegenheid is niet van belang in de poëzie. Het probleem is het bewustzijn.

Als je te bewust denkt aan de datum van een jubileum, of aan een verjaardag, of aan een strenge opdrachtgever, ga je lamme poëzie schrijven. Dan wordt het een poëzie van netjes binnen de perken en keurig tussen de lijntjes. Je moet zorgen dat het onbewuste zijn werk kan blijven doen. Poëzie is niet reëel, de gelegenheid juist wel.

En je dient je eigen gelegenheden te scheppen, zoals Gezelle in dit gedicht. Geen jongetje dit keer wiens dood achter op een bidprentje verheerlijkt moet worden ten behoeve van treurende ouders, maar een jongetje dat op eigen gelegenheid hemelse proporties aanneemt.

Een jongetje dat wiegend een kerklied zingt, een lelijk schooiertje met peenhaar, zo'n heel ander jongetje dan het romantische verhaaltje het wil, een jongetje dat de dichter goeiemorgen zegt en bij hem naar binnen loert.

Met de grandioze melodieverandering in het intermezzo –

Lijk een zeebare als ze breekt
lijk een bare schuimgetopt

– hebben de samenstellers van Gezelles *Volledig dichtwerk* het maar moeilijk. 'Een raadselachtig vers,' schrijven ze in hun commentaar. De 'vreemde strofe' die regel 9 tot en met 13 is kunnen ze niet 'thuisbrengen'.

Tja. De dichter ziet iets baldadigs voor zich, iets in zichzelf afgeronds, en denkt meteen aan het volmaakte gedicht. Waarom zou dat niet mogelijk zijn? De dichter neuriet en daar komt een brede golf hem overspoelen. Getokkel wordt omvergeblazen door een orkest.

Ik weet niet waarom ik op 'baldadig' kwam. Het jongetje is

geen belhamel. Toch vind ik het woord wel passen bij geglunder dat zo van binnenuit komt. Het jongetje is arm en wereldvreemd en gelukkig. Het oefent een grote aantrekkingskracht uit op de dichter.

Innerlijk vuur raakt aan de extase.

De dichter voelt de innige wens een prachtig gelegenheidsvers te schrijven, zo eentje dat op zijn pootjes terechtkomt, dat als een schuimtop breekt en voortrolt en eindigt in een volmaakt afgeronde lus.

De golf van Hokusai.

Gelegenheid roept de mooiste poëzie op.

VAN EEN DICHTER

Er is een dichter gestorven: hij had een goede naam;
nu komen de andre poëten luid jammerend te zaam;
zij strooien as op hun hoofden en zijn in rouw gehuld,
hun oog is met zilte tranen, met weemoed hun hart gevuld.

De dode heette een stumperd en machtloos nog voor één
uur,
nu wordt hij opeens bevorderd tot stralend dichterfiguur;
nu wordt hij aanbeên, bewierookt in lijkkrans en sonnet,
en nooit genoeg verheven op 't hoogste voetstuk gezet.

Het is een roerende wedstrijd wie 't hoogst hem roemen zal,
van alle harpen gutst er een klagende sylbenval...
Wie ook ondankbaar wezen, geen dichteren gewis:
zij zijn de dode zo dankbaar dat hij gestorven is...

Victor dela Montagne 1854-1915

Ach, Victor dela Montagne... Man van twee bundeltjes, en toch schreef hij met *Een oudt liedeken*, een gedichtje in de toen modieuze middeleeuwse trant –

Tsagh eens een cnape stervensgeern
een valsche, vreede, boose deern

– een van de meest gebloemleesde gedichten van de laatste eeuw.

't Gaat over een knaap die zijn moeder vermoordt en er met haar hart vandoor gaat, waarna hij struikelt en het hart hem bezorgd vraagt of hij zich misschien heeft bezeerd. Een gedicht over moederliefde dus, en dat helpt.

Ook is Victor dela Montagne de auteur van een gedichtje dat generaties kinderen leerden zingen, meestal zonder te weten van wie het was –

Het Angelus klept in de verte
in tonen zilverhel,
Grootmoeder knielt op de drempel,
de kinderen staken hun spel

– en zo nog een coupletje verder.

Verzonken cultuurgoed.

Twee langdurige successen – ook klassieken zijn tijdelijk –, al met al geen gekke score voor een man van twee bundels.

En dan nog dit *Van een dichter*, een vers dat ineens wonderwel aansluit bij de actualiteit.

Ik wil over de actualiteit geen fiere uitspraken doen, daarvoor beschikken we over een ruim assortiment aan dekselse cabaretiers, maar geen mens kan ontkennen dat er na de dood van Fortuyn veel verdriet en hypocrisie door het land waarde, en vooral veel hypocriet verdriet. Alle stuntelaars en brekebenen en zestienderangs talenten kropen uit hun holen om hun openbare traan te plengen. De zwijgende meerderheid vergat in een bui van roekeloosheid even waartoe ze op de wereld was, namelijk om te zwijgen, en jankte dat het een lieve lust was.

Als het Nederlandse volk in z'n geheel ontroerd raakt zou je het liefst op de maan willen wonen. Zelfs de cabaretiers snotterden mee.

Ik weet niet wat Hollands verdriet inhoudt, behalve zelfbeklag en kleinzieligheid.

Ik weet wel welk verdriet de Vlaamse dichter Victor dela Montagne in zijn gedicht bedoelt.

Leedvermaak.

Als de sterkste bokser crepeert roepen de zwakkere boksers hoera. Als de meest succesvolle autofabrikant verongelukt stoken de makers van de mindere merken een vreugdevuurtje. Ze kunnen niet ineens gaan doen of de concurrentie niet bestaat.

Het uitschakelen van de vijand is de eerste wet van handel, politiek en krijgsbedrijf. Wat is er mooier dan wanneer magere Hein, een moordenaar of een dronken tegenligger je een handje komen helpen?

De vice-voorzitter van elke politieke partij beleeft zijn *finest hour* als de voorzitter een hartaanval krijgt. Vooral in de politiek, waarin je steeds meer onbezielde onbenullen aantreft die uit zijn op een steeds snellere opwaartse vlucht, is het ondoenlijk te wachten op uitsluitend natuurlijke doodsoorzaken.

Politieke tranen zijn per definitie krokodillentranen.

Vergeet niet de dichters!

Ik ken er een paar, dus ik weet hoezeer het dichters steekt en hindert en pijnscheuten bezorgt als er betere dichters rondlopen. Mocht u in de veronderstelling verkeren dat het land van de poëzie een lustvallei is vol edele bedoelingen, tedere zuchten en kunstvlijt, dan moet ik u teleurstellen.

Het is een wildebeestenkooi vol concurrentie, afgunst en bittere nijd. Dooie dichters zijn altijd de beste.

Als de concurrent dood is heeft hij plotseling tot je beste vrienden behoord. Er ontstaat een wedstrijd in wie de dooie het intiemst heeft gekend, wie zijn werk het meest naar waarde wist en weet te schatten –

Het is een roerende wedstrijd wie 't hoogst hem roemen zal,
van alle harpen gutst er een klagende sylbenval...

– een klagende waterval van lettergrepen, in gewone mensentaal. De vergoddelijking van iemand die een uur daarvoor nog een talentloze stumperd heette.

Je moet op je dood wachten voor men je prijst. Dat is van alle tijden.

Maar als dichters een eindelijk gecrepeerde collega prijzen zouden ze wel eens voorgoed diens roem kunnen vestigen. Dat steekt en hindert en pijnigt vanzelf ook weer.

Het zou paradoxaal zijn. Daarom prijzen ze hun dierbare overledene juist zo luid en overdreven –

zij strooien as op hun hoofden en zijn in rouw gehuld

– ze overstelpen het publiek als het ware met wierook en voorgefabriekte grafzangen en standbeelden die tot in de hemel reiken. Alles in de hoop dat de roem snel zal overwaaien en dat het publiek de toegezwaaide lof te veel van het goeie zal vinden.

Je kunt ook iemand die al in het graf ligt het graf in prijzen. Dat weten de dichters –

zij zijn de dode zo dankbaar dat hij gestorven is...

– en dat weten ook de politici. Hun verdriet is helaas geen toneelspel, het is hun tweede natuur. Het is verdriet uit concurrentieoverwegingen. Uit zelfbehoud.

Heeft de politicus – of voor mijn part de dichter – dan niet een tikkeltje echt verdriet als er iemand van zijn soort de geest geeft?

Zeker wel. Waarom ook niet?

Als een dierbare ouwe tante doodgaat kun je razendsnel de waarde uitrekenen van het zilvergoed in haar dressoir en haar toch een brave tante hebben gevonden.

Voor *echte* slechtheid hebben politici – en dichters – vaak niet genoeg talent.

BESCHAVING EN ZIELSBESCHAVING

Broer Bas, die beschaving verspreidde in zijn woning,
bezat een geweten, waarmede hij stond
Op zéér goede voet. Hij bezat een moraaltje,
hetwelk hij beschaafd en welvoegelijk vond.

Een zoon, 't was een bastaard, was ver van hem henen.
Een vrouw en drie kindertjes waren zijn deel.
Genadige rechter, ge zult met me erkennen,
Hij hield van zijn vrouw en zijn kindertjes veel.

Zijn broeder verleidde een knap burgermeisje.
Bas sprak tot zijn broeder: ' 'k Vernam tot mijn spijt
je plan hebt, je bijzit toch waarlijk te trouwen.
Begrijp je dan niet, je fatsoen daardoor lijdt.

Je compromitteert je door 't schepsel te huwen.
Ontdoe je van 't wezen.' Ernst zei: 'Wat! Ontdoen!
Neen, Bas, Zielsbeschaving verbiedt me te maken
moraal uit een achterbuurt tot mijn fatsoen.'

Vrouwe C.L.J.M. Thorbecke, geb. van Cats barones de Raet

Als dichters wezens zijn die onbegrijpelijk schrijven op een manier dat je toch ongeveer aanvoelt wat ze bedoelen, dan is vrouwe C.L.J.M. Thorbecke, geb. van Cats barones de Raet zeker een dichter. Door haar formulering dat broer Bas een geweten bezat

(...) waarmede hij stond
Op zéér goede voet

maakt ze ons de ware aard van Bas z'n 'moraaltje' onmiddellijk duidelijk. Een moraalridder die oogkleppen draagt omschrijven als iemand 'die beschaving verspreidde in zijn woning', dat kan alleen een dichter.

Houterig blijft de barones.

Het duurt even voor je door hebt dat de bastaardzoon van Bas, die zich op veilige afstand bevindt ('ver van hem henen'), niet weer zelf de vader is van een vrouw en drie kindertjes. De vrouw en de drie kindertjes zijn het officiële bezit van Broer Bas, die niets meer wil weten van het meisje dat hij ooit zwanger heeft gemaakt.

De barones kan niet dichten, maar ze heeft haar hart op de goeie plaats.

Genadige rechter, ge zult met me erkennen,
Hij hield van zijn vrouw en zijn kindertjes veel.

– hier wordt de barones zelfs sarcastisch. Wanneer Bas zijn broer Ernst aanraadt zijn misselijke voorbeeld te volgen is het duidelijk aan wiens kant de barones staat. Aan de kant van de ernst, de kant van de innerlijke beschaving.

Voor een dienstmeisje iets gewoons, voor een barones een enorme sprong.

Dat het hier om een conflict gaat tussen schijnbeschaving en ware beschaving wordt ons zonder omhaal aan het verstand gebracht. De dichteres heeft een stevige greep op haar thema.

Een melodramatisch thema.

Haar bedoeling is duidelijk. Haar bedoeling is vooral goed.

Als het waar is dat dichters zich niet onderscheiden door het 'wat', maar uitsluitend door 'de manier waarop', ook dan slaagt vrouwe C.L.J.M. Thorbecke, geb. van Cats barones de Raet als dichter glansrijk. 'Ontdoe je van 't wezen', fantastisch poëtisch is dat.

'Bijzit' was al prachtig.

Gewone mensen brengen een sloerie om zeep.

Dichters ontdoen zich van 't wezen.

Voor wie nog mocht twijfelen levert de barones met haar slotregels

Neen, Bas, Zielsbeschaving verbiedt me te maken
moraal uit een achterbuurt tot mijn fatsoen

het ultieme bewijs van haar meesterschap. Dat danst, dat zingt.

Hoeveel poëtische pluspunten er ook vallen op te sommen, het blijft uiteindelijk een ridicuul gedicht. Het was al bij de eerste kennismaking een ridicuul gedicht.

Die inversies en die kromtaal.

Die onmacht en die goeie bedoelingen.

Heb compassie met ridicule gedichten.

Er bestaan er te weinig van.

Ik koester de barones aan mijn hart. Om te bekomen van de literatuur en de ijdelheden van de literaire wereld heb ik af en toe een slechte dichter nodig.

Niet een dichter die een beetje slecht is, een kruk, een stuntelaar, een halftalent, maar een complete aartsberoerling, een dichter die voor de volle honderd procent ten hemel schreit. Zo'n dichter die je weer weet te verzoenen met de combinatie van pretentie en talent, omdat pretentie in haar eentje zo treurig is.

Het komische en de treurigheid vallen samen als je een door en door slecht gedicht leest.

Een tijdlang is voor dat doel Riënts Balt mijn favoriete dichter geweest. Ik hield een serie strofen van hem paraat, gewoon om ze bij een plotselinge aanval van literatorenwalging uit mijn hoofd te kunnen citeren, zoals

'k Mis U bij mijn wandelingen,
Bij mijn werk en in de tuin,
Ach, bij al mijn handelingen,
Nu Gij rust op 'Eik en Duin'!

en

Alle bloempjes bloeien,
Blijde kinderen stoeien,

In de weide loeien
Kalme mellekkoeien

– kom er eens om, in de gemiddelde poëzie.

Nu is Riënts Balt onttroond. Sinds kort gaat mijn hart uit naar vrouwe C.L.J.M. Thorbecke, geb. van Cats barones de Raet. Haar naam al vormt een gedicht.

Ze overtreft Riënts Balt vele malen in onvrijwillige humor en citeerbaarheid. Als ik me weer eens een avond heb moeten verdiepen in Ouwens en Joyce, in Reugebrink en Shakespeare, in Van Bastelaere en Marco Borsato, en omkom in zoveel schoonheid, biedt de Vrouwe me op het laatst troost –

Moge Uw hand het leiden
dáár, alwaar men ziet
door de vingers, Vader!

of

Liefde wist ze niet te geven
en ze leefde zonder doel.
Ze begreep ook niets van 't leven
en ze had geen fijn gevoel

of

Wreed was de arbeid van de dood.
Eensklaps kwam hij weg haar scheuren

– de verleiding is groot om nooit met citeren op te houden.

Alles wat mis kan gaan in een gedicht gaat bij de Vrouwe mis.

Je bent uitgelachen en je kijkt op uit haar verzen. De wereld rondom je lijkt ineens wonderlijk volmaakt.

KALFSKOP

Een koude zomeravond, door een licht
ijl-parelblank, alsof het winter was,
krijtachtig poedrend uit een witte lucht,
kwam 'k in de stad, een gracht langs, waar de bomen
stonden in volle ontplooiing van hun blad,
maar onbehagelijk van droogte en kou,
glansloos en groezelig, als wie na schone
aanloop het verder troostloos leven lijden
gedwee, daar men nu eenmaal leven moet.
Dat gaf een vreemd onzeker angstgevoel,
die zomer in die winter, en de stad,
haar bonte drukke leven, scheen gedempt,
oneigenlijk, onzeker, vreemd en ver.
Ik liep de wezenloze straten in,
verder en verder. Toen op eenmaal kwam
't Gezicht: in een laag winkeltje op een bord
te klein, langwerpig, van verachtelijk
blauwtonig wit, lag plat een gladgeschoren
kalfskop, in een klein plasje bruinrood bloed.
Geel was hij van een zo ontzettend geel,
of alle nedergangen en de haat
der overwonnenen zich daar vereenden.
Breed onder de ogen, liepen smal naar voren
stroken van bruinig rose door dat geel,
somber als dorrend avondrood door damp.
Wee-grappig staken nog wat zwarte haartjes
in 't oor; wat hing dat slap en machteloos,
blauwig geschaafd, met huidplooi nog te zien
van 't vroeger vrolijk flappren in de zon,
toen vliegen gonsden om de warme kop.
De snuit was rozig, hier en daar wat zwart,
als nog van 't snufflen in de graz'ge wei.
Verblauwd in dood, staarden glasogen dof

onder half dichtgezakte leden uit:
dat leek een eerste en laatste, jammerlijk
mislukte poging tot hooghartigheid.
Links, midden tussen snuit en oog, een klein
zwart vlekje, een mouche, een tache de beauté,
als van een fijn-verlepte hertogin.
Een kroon gelijk, droeg 't vege hoofd de knobbel,
waaruit de horens nimmer zouden groeien,
een spot-kroon van het leven; tegelijk
lag over alles, in de slappe spanning
der huid en in dat geel, dat geel, dat geel,
de harde lege schoonheid van de dood.

(...)

Th. van Ameide 1877-1955

Kom, denkt de dichter, ik wil iets anders dan een zonsondergang. Mijn collega's bezingen het rossige licht op de kerktorenspits of het weemoedige avondrood in de waterspiegel, ik focus me eens op een minder traditioneel beeld.

Ik ben een moderne dichter tenslotte, ik beschik over expressie en een driftige blik, en ik wil laten horen dat ik talent heb. Weg met het ruisende ranke riet, welkom het schokeffect.

De grote wereldbewegingen klotsen door mijn lichaam.

De dichter concentreert zich op de kalfskop.

Maar zijn talent is minder groot dan hij zelf denkt en de oude wereld blijkt nog te sterk. Dus schildert hij zijn kalfskop af en toe met pennenstreken waarmee ze in zijn tijd een zonsondergang schilderden –

Breed onder de ogen, liepen smal naar voren
stroken van bruinig rose door dat geel,
somber als dorrend avondrood door damp

– en ook zijn tot driemaal toe herhaalde verbijstering over het geel – 'dat geel, dat geel, dat geel' – verraadt de schilderkunstige aanpak van zijn periode.

De schreeuw van het expressionisme, gedempt klinkend vanachter 'n Hollandse zakdoek.

Toch is *Kalfskop* een bijzonder gedicht, al was het maar vanwege de durf *Kalfskop* boven een gedicht te zetten in plaats van *Avondgloren* of *Liefde*. De kalfskop staat niet bekend als een typisch poëtisch onderwerp. De kalfskop tart de versleer en de traditionele hiërarchie.

Ondanks zijn nog naar de Tachtigers riekende terminologie – ijl-parelblank, wee-grappig – zet de dichter zijn kalfskop overtuigend neer. Dat ontzettende geel, de huidplooi die vrolijk flappert in de zon, de mislukte messiaskroon, ja de schok van

de harde lege schoonheid van de dood

komen wel degelijk aan. Om vanuit het jaar onzes Heeren 1912 in je eigen literatuur zo'n kalfskop op je te zien afkomen doet goed. Het was goddank niet één en al verhevenheid, toen. Je realiseert je met enige opluchting dat ook het bederf en de ondraaglijkheid toen aan bod kwamen.

Ik heb een zwak voor slagerspoëzie.

Helaas is die kale regel over de harde lege schoonheid niet de laatste regel van het gedicht.

Th. van Ameide bleef te veel een kind van zijn tijd. Dichters van zijn generatie konden het niet stellen zonder zielsaandoeningen. En, nog dwingender, in de school van Verwey en De Beweging waartoe hij behoorde dienden zielsaandoeningen gekoppeld te worden aan aandoeningen van de wereldziel.

Het innerlijk leven in verband brengen met het uiterlijk leven en die twee weer met iets overkoepelends – daar ging het om.

Th. van Ameide had zijn gedicht ingezet – vóór hem het visioen of 'gezicht' van de kalfskop ten deel viel – met een bespiegeling over het angstgevoel dat midden in de zomer kan worden opgeroepen door iets winterachtigs, en na een witregel, volgend op *de harde lege schoonheid van de dood*, rondt hij uiteindelijk zijn slagersvisioen af met

En als een bliksem door mijn duister brein
begreep ik dat verschrikkelijk gezicht:
de malle jammer van het ogenblik,
het doods gedoe dier drukke stille straten,
daarbij mijn eigen twijflig zwak gevoel,
met souverein beheerste stille felheid
kil-gruwlijk, hevig-saamgedrongen door
een koele duivel zonder lach verbeeld

– zo komt hij braaf op zijn generaliserende, symbolische, wereldzielvriendelijke pootjes terecht. De kalfskop is ingebed. Het is een domper op het radicalisme van het gedicht.

We komen *Kalfskop* tegen in de *Verzamelde gedichten 1906-1912* van Th. van Ameide, het pseudoniem van J.H. Labberton.

Ik zie dat Labberton, ondanks zijn hypochondrie, tot 1955 is blijven leven.

Dat biedt nóg een mogelijkheid de literatuurgeschiedenis anders in te richten. Behalve een herrangschikking van de letterkundige canon naar gelang de frequentie van groente- en vleeswarenvermeldingen, zouden we ook een hiërarchie kunnen vaststellen op basis van hoe lang dichters hun verzameld werk hebben overleefd.

Het zal verbazende resultaten opleveren. Niet minder verbazend, overigens, dan de huidige pikorde, gebaseerd op vooroorlogse ideologische oordelen en ethische weeën.

DE DRIEVOUDIGE DOOD

Eerst sterven we in het vlees. Onder de grond
Valt ons lichaam langzaam uiteen. 't Moet in de
Aarde allengs zich tot aarde weer ontbinden
Die zonder teken men niet wedervond.

Dan sterven we in het hart van wie ons minden.
Lang leefden we daar nog, maar als een wond.
't Geneest, en eindlijk is het weer gezond:
Ook in dat hart zijn wij niet meer te vinden.

Ten slotte sterven wij in hun herdenken:
Het derde, laatste, koudste graf sluit dicht.
Soms, bij een afscheid, blijft nog even wenken
Een witte hand. Ver weg. Dan uit 't gezicht.
Men ziet niet wat achter de wegbocht ligt –
Zo deinzen we uit hun blinde, lege denken.

Victor E. van Vriesland *1892-1974*

Ook als gedichten niet over de dood gaan gaan ze vaak over de dood.

De concurrentie is groot en ijverig, dus de dichter moet iets doen om op te vallen. Alle manieren om op te vallen gaan tenslotte op elkaar lijken, terwijl de dood de dood blijft en de liefde simpelweg de liefde. Vandaar de enorme hoeveelheden clichés in liefdes- en doodsgedichten.

Bijgaand gedicht *De drievoudige dood* vormt een uitwerking van een gegeven van de religieuze schrijver Julien Green, een tekst die Van Vriesland in de bundel als motto aan het gedicht meegaf. Dat is al een demonstratief herkauwen.

Het beste wat je van *De drievoudige dood* kunt zeggen is dat het – in commissie – iets anders over de dood wil beweren dan de gebruikelijke lamentatie en de snik aan de rand van de grafkuil.

Verder blijft het vers een sofistische krul. De dood komt er drievoudig in voor, maar raakt geen essentie. Het gedicht stemt ons zelfs een beetje sentimenteel jegens de dood.

Sterven, ontbinden, graf, afscheid. Mooie woorden, maar geen beeld.

Geen geur. Geen schrik.

Ik moet even – om een zweer uit mijn hoofd weg te snijden – iets kwijt over een voetnoot die ik onlangs las. Het is waarschijnlijk de gruwelijkste literaire voetnoot van de eeuw.

Ik bedoel voetnoot 74 in het boek *Schillers Schädel* van Albrecht Schöne (München, 2002), een boek dat handelt over de episode dat Goethe, twintig jaar na de dood van zijn vriend Schiller, diens schedel bij zich thuis laat bezorgen.

Schöne vertelt in de 'normale' tekst van zijn boek hoe in 1970 de sarcofaag van Goethe in de (toen nog) socialistische heilstaat Oost-Duitsland werd geopend, waarbij ze Goethes kadaver in een 'volstrekt onwaardige' toestand aantroffen. Er werd besloten tot 'maceratie' van het lijk, een soort inweek- en afschraapbehandeling die – hoe kan het anders in Duitsland – punctueel werd geprotocolleerd, met foto's en al.

'Sonderakte Mazeration Goethe.'

In het jaar 2000 was Schöne de eerste buitenstaander die in de gelegenheid werd gesteld een blik op deze foto's te werpen.

Het 'Goethe-Bild' is in de Duitse cultuur iets heiligs. Zou deze toevoeging aanleiding geven tot nieuwe mythes?

Schöne onderbreekt zijn verslag met de opmerking dat hij 'in klein gedrukte letters' helderheid over de kwestie wil verschaffen. In een noot, dus. Zelden zal een voetnoot zo opvallend zijn weggemoffeld.

In de nu al historische voetnoot 74, een noot die meerdere bladzijden in beslag neemt, staan zinnen als: 'De volledig met aaskeverlarven bedekte schedel (...). De foto (Nr. 1, "Hoofd en deel van borst onmiddellijk na opening van sarcofaag") toont borstbeeld van de op zijn rug liggende dode. Een korst van zelf allang geleden gecrepeerde insecten bedekt het aangezicht naadloos, alleen grote zwarte oogholten en de lichtjes openstaande mond vrijlatend. Haarscherp geven (en face) de korsten de vorm weer van de schedel die deze metamorfose heeft ondergaan. Het beeld herinnert me, ik kan uit mijn optische herinneringen geen ander beeld ter verduidelijking te hulp roepen, aan de houten stammen van halfvergane golfbrekers, zoals die bij eb uit zee opduiken: geheel bedekt met mosselschelpen. (...) Het doet in iconografisch opzicht denken aan een van die maniëristische schilderijen van Arcimboldi (...) Het bovenlichaam en beide armen van het lijk zijn in een doodshemd gehuld, dat op deze foto wit en zijdeachtig glanst, bestikt met glasparels. En boven het ontzaglijke hoofd de lauwerkrans die ze de dode meegaven in de lijkkist...'

Sah ein Knab' ein Röslein stehn,
Röslein auf der Heiden,
War so jung und morgenschön –

'Ongetwijfeld,' merkt Schöne nog op, 'zal dit beeld op zekere dag in de openbaarheid gebracht worden. Het zal ons Goethebeeld voorgoed veranderen, niet alleen het visuele.'

De terugwerkende kracht van gruwel en verval.

Bij zo'n verhaal zitten we de dood dichter op de huid dan bij alle minzame dichterswoorden. Na zo'n verhaal klinkt *De drievoudige dood* extra sullig –

Eerst sterven we in het vlees. Onder de grond
Valt ons lichaam langzaam uiteen

– jawel, het klinkt nuchter genoeg, maar van poëzie verwacht je detail en huivering.

Zoals in voetnoot 74 alles focus is, zo is in dit gedicht alles vervaging. Etappegewijs verdwijnt de dode uit zicht. Dat er aan het eind nog een vergelijking met een wuivende hand wordt gemaakt ervaren we als gekunsteld. Het beeld komt ineens *te* dichtbij, terwijl we juist aan het uitzoomen waren.

Met weemoed denken we terug aan Goethe, die op hoge leeftijd de mening was toegedaan dat 'de preoccupatie met onsterfelijkheidsideeën iets is voor de betere standen en vooral voor jongejuffrouwen die niets beters te doen hebben.'

Dit soort gedichten is nu hopeloos ouderwets.

Meer dan een gedachtegang op rijm, een wandspreuk in keurige sonnetvorm is het niet.

Ook de dichter zelf is intussen volkomen uit zicht geraakt. Ooit was hij een indrukwekkende mandarijn en zeker anderhalf uur lang de Nederlandse Goethe.

Zijn derde dood – de dood in het geheugen – is alleen door u en mij nu nog even uitgesteld.

LENTE

Vroeger verging ik langzaam. Nu
gaat het al sneller. Mijn hart
slaat onregelmatig, wild vaak.
Als ik opsta uit bed overvalt mij
een duizeling. Mijn slaap is onrustig.
Dromen over mijn jeugd terwijl ik
zo dicht bij de dood ben. In elk autowrak
herken ik mijzelf. De herfst
die mij vroeger vrolijk stemde
een afgang. De winter een einde.
En toch wordt het lente. De angst
krijgt vleugels, tovert mij bloemen
voor het gezicht, vlinders en vrouwen.
Gedachten aan zelfmoord. Ik struikel.

Adriaan Morriën 1912-2002

Door zijn steeds toenemende ouderdom kreeg Adriaan Morriën er gratis een thema bij: de steeds toenemende ouderdom.

Op een dieet van alleen maar vrouwenborsten kan de poëzie ook niet leven.

Hoewel hij zich vast het liefst zag als de zanger van meisjesgeglimlach en damesgeheimen zal hij, denk ik, in het geheugenboek van de poëzie vooral blijven voortleven als de dichter van de ouderdom.

Over dat onglorieuze onderwerp heeft hij z'n meest geslaagde regels geschreven, culminerend in het vierregelige versje *Beginsel*, over een boom die zijn bladeren afschudt en het winterse stadium van de bedelstaf heeft bereikt, waarvan de laatste twee regels luiden

Pas nu wordt zichtbaar hoe zijn stam verloopt
en wat hij met zijn takken heeft bedoeld

– eerder een aangrijpend dan een troostend beeld. De schaduw van het lover glijdt niet langer over de meisjeswelvingen en de tentakels van de takken staan met hun grijpzucht te kijk.

Ook in *Lente* gaat het over de seizoenen.

Het gedicht is afkomstig uit een bundel die al in 1980 verscheen. Nog meer dan twintig jaar kon Adriaan Morriën de hartslag van het verval blijven volgen.

Een prestatie.

Je weet niet of je moet applaudisseren of uitbarsten in gesnik.

Aan het begin van mijn verbluffende dichterscarrière beweerde ik eens dat iedereen boven de vijfentwintig dood moest. Echt, het staat er, in een interview. Het valt zwart op wit na te lezen.

Die overtuiging lag vast in me verankerd. Ik ben daar een beetje van teruggekomen. Gewoon omdat ik zelf vijfentwintig werd. En dertig. En vijfendertig, de leeftijd van de aartsvaders.

En nog was de koek niet op.

Onuitsprekelijke tijden braken aan. Politieagenten, notarissen en begrafenisondernemers waren ineens jonger dan ik. Ik kocht een leesbril en begon interessant te hinken. Ik kreeg mijn eerste rimpel en, nog erger, eerbewijzen.

Eén ding – slechts één ding – veranderde in de loop der jaren niet aan me. Nog altijd vind ik, diep in mijn hart, dat iedereen boven de vijfentwintig dood moet.

Nu, ze beweren dat je met het klimmen der jaren er ook geestelijk rijper op wordt. Het zou wat.

Ik zie om me heen ontstellende tekenen van rijpheid, ik geef het toe, al mijn leeftijdgenoten zijn de rijpheid zelve, vooral als ze het getroffen hebben met een baan in de politiek of de financiële wereld. Persoonlijk merk ik er weinig van.

Ik kan geen eerbied voor de rijpheid opbrengen, want ik geloof er niet in. Het is aanstellerij van die oudjes. Bovendien ga ik niet akkoord met het feit dat er ieder jaar een jaar bijkomt en dat er, boven de veertig, ieder jaar twee jaar bijkomen.

Alle spiegels stukslaan en vervolgens je kop in een lus steken, het blijft de enige remedie.

Vroeger verging ik langzaam. Nu
gaat het al sneller –

– goeie hemel, zouden er op het laatst, tussen z'n zeventigste en negentigste, voor Adriaan Morriën ieder jaar vijf jaar zijn bij gekomen?

Oud worden is een verschrikking.

Ik heb niet voor niets de woorden verbluffend, onuitsprekelijk en ontstellend neergreschreven. Huis-, tuin- en keukenwoorden schieten tekort.

De fles azijn die ooit wijn was wordt door de gootsteen weggespoeld. Het stuk vlees dat blonk op het aanrecht verdwijnt onder een mica laag strontvliegen. Aaskevers, kom!

De Nieuwe Gids, De Jonge Turken, La Jeune Belgique zijn op een dag hopeloos historisch. Op de herfst volgt onvermijdelijk de winter.

Geen oudje dat aan zulke clichés kan ontsnappen. Zie dit vers van Adriaan Morriën.

De herfst is voor Morriën een afgang geworden en de winter een einde. Hij benadrukt het clichématige door op de winter de lente te laten volgen, in de trant van 'na regen komt zonneschijn' –

En toch wordt het lente. De angst
krijgt vleugels, tovert mij bloemen
voor het gezicht, vlinders en vrouwen

– hij probeert elk sarcasme te laten varen, hoe verleidelijk sarcasme in dit geval ook is. Speciaal na de klinische diagnose van de voorgaande regels – hartslag, duizelingen, slaap, in korte constateringen.

Ineens breekt de lyriek baan.

Bloemen, vlinders, vrouwen.

Als het woord vrouw valt moet je van Adriaan Morriën geen sarcasme verwachten, zelfs niet van een halfdooie Adriaan Morriën. Spiegel hem op zijn sterfbed een vrouw voor en hij veert overeind.

Hij wil blijven denken en doordenken dat hij nog aantrekkingskracht bezit voor de meisjes. Het kan niet anders of dit gaat gepaard met een zekere mate van tevredenheid.

Een eigenliefde die hij vervolgens moet ontkennen –

Gedachten aan zelfmoord. Ik struikel

– een zelfmoord die hij nog twintig jaar wist uit te stellen.

Wordt het huilen? Wordt het applaudisseren?

Beide misschien.

INHOUD

DODE DICHTERS